Barbara Schneider (Illustrationen)
Jens-Ulrich Davids (Texte)

Das Lächeln der Galionsfigur

Szenen aus Bremen

Kellner
VERLAG

Dieses Buch ist bei der Deutschen Nationalbibliothek registriert. Die bibliografischen Daten können online angesehen werden:
http://dnb.d-nb.de

IMPRESSUM

© 2020 Klaus Kellner Verlag, Bremen
Inhaber: Manuel Dotzauer e. K.

St.-Pauli-Deich 3 • 28199 Bremen
Tel. 04 21 - 77 8 66 • Fax 04 21 - 70 40 58
sachbuch@kellnerverlag.de • www.kellnerverlag.de

Lektorat und Satz: Kai Klenner
Umschlag: Laura Pohl
Gesamtherstellung: DruckKellner, Bremen

ISBN 978-3-95651-248-3

Inhaltsverzeichnis

Paul fliegt auf Postkarten — 4

Shipwreck Coast — 14

Vor der Ernte — 22

Das Lächeln der Galionsfigur — 29

Der schwarze Schwan — 40

Hamlet zwischen den Gleisen — 50

Im Schwerefeld des Mondes — 58

Kopflos — 68

Johannes spielt Schach — 75

An der Schlachte – ein Capriccio — 94

Der alte Puppenspieler — 101

Der Weg der Kerne — 111

Der Autor und die Illustratorin — 119

Paul fliegt auf Postkarten

etz dich jetzt da hin und hör mir zu, Paul. Das war jetzt einmal zu viel. Gestern war unser Kennlerntag, und wo musstest du unbedingt hin? Während ich hier saß mit dem Wein und den vier Gängen und fernsehen durfte, musstest du dich mal wieder gegen den Sport- und Pennerverein von Kleindrömelsdorf lächerlich machen.«

Da stand sie mal wieder mit Zornesfalten zwischen den Augen. Natürlich wusste sie, wie der gegnerische Verein wirklich hieß, sie wusste auch, dass er als Kreisläufer nicht sich lächerlich, sondern eine ziemlich gute Figur machte, schließlich hatten sie auch gewonnen.

»Das war jetzt das vierte oder fünfte Mal in diesem Jahr, und ich hab's bis hier.«

Sie öffnete die Tür zum Flur mit einem wilden Ruck und drehte sich noch einmal um.

»Meinst du, ich kann vergessen, wie wir meinen Geburtstag feiern wollten? Drei Stunden in der Küche, Gäste, Blumen, alles super geplant und vorbereitet, dann aber war da diese Lesung in der Buchhandlung. Wer war das noch? Mann? Timm? Damm? Kein Mensch hat verstanden, warum ausgerechnet du plötzlich zu einer Dichterlesung musstest, noch dazu an diesem Tag, aber ich, ich saß da mit der Feierrunde. Hast du dir mal überlegt, wie ich mich gefühlt habe? Nein, denn das kannst du gar nicht. Du weißt ja nicht mal, wie du selbst dich fühlst. Schluss, aus, genug ist genug.«

Sie knallte die Tür hinter sich zu und machte sie gleich wieder auf.

»Am schärfsten war unsere Fahrradtour, die nicht stattfand. Ja, ich weiß, dass du das weißt, aber ich will es dir noch einmal deutlich sagen. Damit selbst du verstehst, was hier passiert. Wir wollten übers Wochenende die Weser rauffahren, oder etwa nicht, die Fahrradtaschen hingen schon an den Gepäckträgern. Dann rief dich diese alte Schulfreundin an, von der ich nie gehört hatte, und schwupps warst du weg. Nur auf einen Espresso, sagtest du noch in der Tür, kleines Stündchen, mehr nicht.«

Sie kann ja so vernichtend gucken, dachte Paul.

»Espresso, ha. Und mit mir über all das reden kannst du schon gar nicht. Mir reicht's. Ich gehe.«

Und sie ging. Seine Johanna, seine große Liebe, nicht mehr Prinzessin, sondern strafende Gottheit, was für ein Abgang.

Auf den zweiten Blick, einen Tag später, sah ihre Entscheidung fast harmlos aus. Für die vier Wochen ihres Jahresurlaubs war sie statt mit ihm mit ihrer Freundin Helga zu einer Hüttenwanderung durch die Dolomiten aufgebrochen, na und? Natürlich würde sie wiederkommen. Darauf musste er sich allerdings vorbereiten. Kniefall, zerknirschtes Gesicht, die richtigen Worte, er würde das schon hinkriegen. Worte konnte er gut. Unabweisbar mussten sie sein, überzeugend und ergreifend, Aufrichtigkeit des Gefühls mit Tiefe der Gedanken und Schönheit des Stils in sich vereinend.

Sein Freund Harald, stellte sich heraus, war eher skeptisch. »Lass doch deine Gefühle sich erstmal entwickeln«, sagte er, »du weißt ja noch gar nicht, wo die hinwollen. Du bist traumatisiert. Gib dir eine Chance. Abgesehen davon, vielleicht kommt sie ja gar nicht wieder. Dann brauchst du auch keine Rede zu schreiben, gell? Sehen wir uns morgen in der Halle?«

Mindestens einmal in der Woche spielte Paul Handball. War er etwa nicht der wieselflinke Kreisläufer, erfinderisch und mit großer Wurfkraft, unverzichtbar, eine Stütze der Mannschaft? An diesem Abend gelang ihm aber gar nichts.

»Zu viele Schrittfehler«, sagte der Trainer nach dem Training, »und wirf doch nicht aus dem spitzen Winkel, das wird nichts, siehst du doch.«

Er hielt Paul am verschwitzten Hemd fest.

»Ich wollte das nicht vor den andern sagen, Paul, aber du warst heute büschen sehr ruppig. Natürlich musst du dich vorn durchwühlen, aber doch nicht mit dem Ellbogen im Gesicht des Verteidigers. Jeder Schiedsrichter hätte das gepfiffen.«
Paul nickte. »Ich werd dran denken.«
Aber als er wieder zu Hause war, dachte er an Johanna.

In den folgenden Tagen stellte er fest, dass die richtigen Worte sich nicht einfach so einfanden. Als Verfasser von Gelegenheitsgedichten und drolligen Sketchen war er anderes gewohnt. Er brauchte sonst die Tastatur nur anzusehen, schon drängelten sich auf dem Bildschirm die Wörter. Aber jetzt, schimpfte er, in dieser Herzensangelegenheit rührt ihr euch nicht, ihr Feiglinge. Zum ersten Mal geht es um etwas, und ihr kommt nicht aus eurem Versteck. Wie soll ich da eine unwiderstehliche Versöhnungsrede schreiben? Ein Vierzeiler fiel ihm immerhin ein, jedenfalls fast:

> *Wenn Wörter feige sich versagen*
> *und stehen mir nicht zur Verfügung*
> *dann muss ich halt woanders fragen*

Die letzte Zeile fehlte, brachte ihn aber auf eine Idee. Woanders fragen, ja, genau. Er würde losgehen und Orte aufsuchen, wo er mit Johanna gewesen war. In liebevoller Harmonie gewesen war. Wo er der gute Paul gewesen war. Die Erinnerung würde die Straßen und Häuser, Briefkästen und Bahnschranken zum Reden bringen. Umgab nicht jedes Ding wie einen Mond ein Hof von Bedeutungen, aus dem es unausgesetzt flüsterte und sprach? Er musste nur zuhören. Was er hörte, wollte er dann, knapp und kernig formuliert, auf eine Postkarte schreiben und die sich schicken. Das würde eine üppige Materialsammlung ergeben, genug für zehn Ansprachen.

Am nächsten Nachmittag nach der Arbeit setzte er sich auf den Drehstuhl vor seinem Schreibtisch und drehte sich. Drehte sich. Und drehte sich. Am besten fange ich am Anfang an. Als sie sich vor zwölf Jahren kennengelernt hatten, wo waren sie da gewesen? Vor seinem inneren Auge sah er einen Fluss blitzend im Sonnenlicht, ein Zelt, Isomatten, auf einer lag die schöne Johanna. Jetzt nicht losheulen. Wo war das gewesen? Er kramte einen alten Taschenkalender aus der Schublade, blätterte und fand.

Sonnabend früh rollte er auf der Autobahn in Richtung Bremerhaven, fuhr durch Hagen, fand die kleine Straße nach Sandstedt und parkte den Wagen auf der geteerten Fläche neben dem Campingplatz. Er stieg aus. Ja, genau, hier. Er trottete zur Weser hinunter und setzte sich ein paar Meter vom Wasser entfernt in den Sand. Er sah das andere Ufer mit dem Fähranleger, er sah die Fähre. Klar, hier war es gewesen. Und jetzt sollten Fluss, Asphalt oder Fähre ihm gefälligst erzählen, was es zu erzählen gab. Bitte, sprecht zu mir.

    Er wartete. Er lauschte. Als er nichts hörte, stand er auf und ging zum Kiosk hinüber, der Cola verkaufte, Eis und Postkarten. Paul nahm die, die vom langen Hängen in der Sonne am wenigsten verblichen war. Sie zeigte die kleine Fähre, wie sie unter ferienblauem Himmel über die Weser tuckerte.

    Vom Campingplatz kam der Geruch von Grillwürstchen. Hinter sich hörte er Lerchen hoch oben über den Feldern. Eine richtige Idylle. Er fuhr sich über die Augen. Wenn der Ort von sich aus schon nichts sagen wollte, könnte er ja versuchen in ihm zu lesen. Malte die Sonne nicht blitzende Zeilen aufs Wasser? Schob die Bordwand des Schiffs, das den Fluss hinunter glitt, nicht in hohen weißen Buchstaben auf rotem Grund einen Namen an ihm vorbei, Wilhelmus Wallander? Wallander, dachte er, das ist doch dieser schwedische Kommissar, der immer so traurig ist. Ob der sich auch Postkarten geschrieben hat? Paul setzte sich wieder ans Wasser und ließ Sand durch die Hand rieseln. Paul streute Figuren auf den feuchten Untergrund, die fast aussahen wie Buchstaben.

Paul sah auf. Über der kleinen Fähre schwebten zwei Möwen wie fliegende Satzzeichen, aber für welchen Satz?

Paul schrieb seine Adresse auf die Postkarte, dann die neue Erkenntnis, wie er sich das versprochen hatte, klebte die mitgebrachte Briefmarke auf und gab die Karte der freundlichen Frau im Kiosk. »Geht morgen raus«, sagte sie.

Als es anfing zu dämmern fuhr Paul nach Hause. Der Satz hieß: »Fähren fahren ins Ungefähre.«

»Nettes Wortspiel«, sagte Harald abends beim Bier, »aber eigentlich nur literarisch, oder? Hatte der Ort da nichts Konkreteres zu bieten?« Und nach einem langen Schluck fügte er hinzu: »Goethe sagt irgendwo, dass man, um Prosa zu schreiben, etwas zu sagen haben müsse, Gedichte aber kämen, an den Wörtern entlang, wie von selbst zustande.«

Sie sahen sich an und mussten dann lachen.

»Okay, verstanden«, sagte Paul, »morgen schick ich mir ein Gedicht.«

Am nächsten Tag fuhr er mit dem Rad zum Rhododendronpark. Vor seinem inneren Auge sah er sich und Johanna, wie sie unter hohen Bäumen zum alten Gewächshaus spazierten. Er schluckte einen Seufzer hinunter, kaufte eine Postkarte und schrieb:

Im Glashaus sitzen wir und sehen
hinaus aufs bunte Blütenmeer.
Wir wissen, dass die Azaleen
verblühen bis zur Wiederkehr.

Welch gelenkige Anspielung, welch blumige Wortwahl, auch die philosophische Reichweite war beträchtlich. Voll in poetischem Flow, der Empfänger konnte sich glücklich schätzen. Er lächelte bitter mit einem Mundwinkel. Am Abend fand er neben der Zeitung und einem Brief von der Sparkasse zwei

Postkarten auf dem Boden. Hoppla, hatte er es übertrieben, hatte er sich vor Begeisterung schon zwei geschickt? Die eine war die von vorgestern aus Sandstedt, die andere zeigte eine Berghütte unter knatschblauem Himmel vor spitzigen grauen Gipfeln. Italienische Briefmarke. Das Textfeld war leer, nur ganz unten erkannte er ihre Unterschrift: Johanna. Johanna. Wie aus kaltem Stein gemeißelt. Kurz vor Mitternacht, schon im Schlafanzug, rief er Wikipedia auf. »Die Postkarte in der heutigen Form erschien um 1869 in Österreich und wurde zur Zeit ihrer Einführung noch Correspondenzkarte genannt«, las er. Korrespondenz war gut, fiel darunter auch die mit sich selbst? Und war eine Unterschrift unter keinem Text schon Korrespondenz?

Pauls Tage verliefen jetzt nach einem Muster. Am Morgen fuhr er mit dem Rad nach Walle, wo er in der Krankenhausverwaltung arbeitete. Nach der Arbeit suchte er einen erinnerungsgesättigten Ort auf, wartete mit offenem Ohr, hörte nichts, schrieb sich eine Postkarte, und am Abend zu Hause las er, was er tags zuvor verfasst und was die Post inzwischen ausgeliefert hatte. Was er las, machte ihn nicht glücklich. Wie sollte er auch zufrieden sein mit diesen Bruchstücken eines Duetts, hilflos von nur einer Stimme gesungen?

Vor dem Schauspielhaus schrieb er: »Ich weiß, dass du mir kein Theater vorgespielt hast.« Vor dem Schlachthof: »Verzeih mir, dass ich so ein blöder Ochse war«. Vor der Uni-Mensa: »Du weißt, dass ich dich zum Fressen gern habe«. Bei jedem Satz sehnte er sich nach Johanna, merkte er, aber dann gab es immer öfter andere Momente, trotzige Sekunden, in denen er mit dem inneren Fuß aufstampfte. Sollte sie doch in ihren Bergen bleiben, sollte sie sich doch auf ihre Teleskopstöcke setzen, hinauf zum Blocksberg reiten und ihn unten in Ruhe lassen. Er würde ihr freundlich zuwinken aus dem Tal, während sie mit ihren langen blonden Haaren hoch oben den Teufel verführte oder am Rhein traurige Flussschiffer ins Verderben sang.

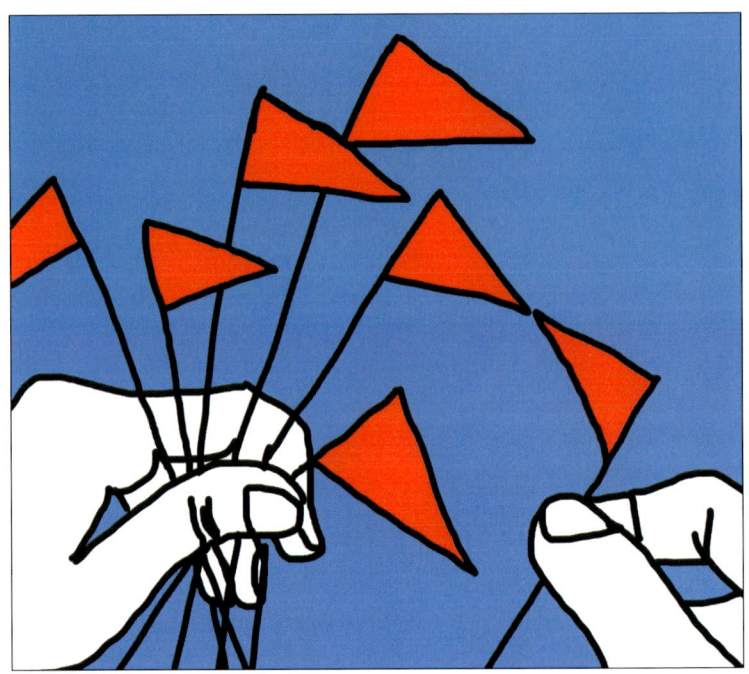

Er merkte, wie sich die Erzählfäden verwirrten. Am Abend mitten im Training schrie er die Verteidiger an: »Aus dem Weg, ihr Schrumpfärsche«, und knallte den Ball in den rechten oberen Winkel. »Paul«, sagte der Trainer hinterher mit ungewohnt fester Stimme, »das war büschen zu viel. Geh jetzt mal lieber nach Hause und komm erst in zwei Wochen wieder.«

Wie lange er schon die Stadt durchstreifte! Eine ganz neue Geographie der Erinnerungen und der verschluckten Seufzer entstand. Hier hatten sie vor einem Juweliergeschäft gestanden. Hier hatten sie sich geküsst.
Hier vor dem Kino hatte er auf sie gewartet. Hier hatten sie einen Espresso getrunken. Hier hatten sie am Osterdeich auf dem Uferhang gesessen und auf die Weser geguckt. Von bedeutungsschweren Orten, die es nicht auf eine Postkarte geschafft hatten, machte er Fotos, ließ sie sich beim Fotohändler in der Bahnhofs-

straße ausdrucken und klebte sie auf Gratispostkarten. Ach, der Bahnhof, die Backsteinschönheit aus der Kaiserzeit. Wie oft hatte er Johanna hier abgeholt, oder sie ihn. Manchmal waren sie dann an den Gleisen entlang über die Industriebrache nach Findorff spaziert, und einmal hatten sie auf Gras unter duftenden Büschen eine überwältigende Pause der ganz besonderen Art eingelegt. Er fuhr hin, sobald er konnte.

Er schloss sein Rad an den alten Maschendraht neben dem ausgedienten Güterbahnhof. Ganz hinten stand der Fernsehturm wie ein Ausrufezeichen. Paul setzte sich auf Stufen, die zu einer der Laderampen hinaufführten. Auf der andern Seite der Gleise wuchs Holunder über ein rostiges Schild: »Bremen Hbf«. Vom Bahnhof her glitt langsam ein Zug mit drei oder vier roten Wagen auf rostigen Gleiszeilen heran, fast wie in dem Englischbuch, das sie in der Schule benutzt hatten. Da wurde die Wortfolge im englischen Satz als Lokomotive mit Anhängern dargestellt. Auf jedem stand ein Buchstabe, S und P und O. Das hatte einen Sinn ergeben, nur wusste er nicht mehr, welchen. Grammatik eben. Leute in zwei Stockwerken übereinander sahen aus den Fenstern. Er zog sein Taschentuch und winkte. Niemand winkte zurück. »Sollten wir nicht wieder gemeinsam das Leben Zug um Zug genießen?« würde er aufschreiben. Er schüttelte den Kopf. Wieder nur ein Wortspiel, er war schon dichter an der Wahrheit dran gewesen.

Als Junge, auf seinen Fahrradtouren mit Freunden, hatte er sich Norddeutschland nach den Standorten von Jugendherbergen vorgestellt. Jetzt verbanden sich die Orte, die er besuchte, wieder zu einem Netz von Bedeutungen, aber anderen. Wie kostbar das alles war, einschließlich der Tränen. Auf eine Karte schrieb er: »Ich glaube zu wissen, dass ich traurig bin.« Auf eine andere: »Ich bin froh, dass ich traurig bin.«

Eines Abends setzte er sich mit einer Flasche Haake-Beck an den Wohnzimmertisch, breitete alle seine Postkarten vor sich aus und las, was er geschrieben hatte. Na ja, immerhin, aber zu einer richtigen Rede liefen die Sätze nicht zusammen. Mussten sie ja auch nicht. Wenn Johanna zurückkam, warum übergab er ihr nicht einfach den Stapel Postkarten und sagte, guck mal, unsere Vergangenheit, war doch gut, oder, könnte doch auch wieder gut werden, nicht? Aber eigentlich, jetzt, jetzt kam er auch allein durchaus zurecht. Das würde er ihr mitteilen. Wie allmählich Karte um Karte zu einem kleinen Triumph wurde, zu einem fliegenden Teppich, auf den er kletterte und losschwebte. Hoch oben über der Stadt saß er auf dem Rand, baumelte mit den Beinen und freute sich über den Rundblick aus der Google-Earth-Perspektive, von Kattenturm bis Horn, von Sebaldsbrück bis Oslebshausen. Auf dem ausgebreiteten Stadtplan markierten kleine Fähnchen jeden Johanna-und-Paul-Ort, die besonders wichtigen leuchteten in dunklem Rot. Er wunderte sich ein bisschen, aber dann auch nicht mehr. Er war ein Adler, er war ein lodernder Stern. Über die Wolken traute er sich allerdings nicht.

Dreieinhalb Wochen und fünfundzwanzig Postkarten voller Beschwörungen, Betrachtungen und Behauptungen weiter, und Harald fragte: »Na, hast du was gelernt aus all dem?« Ein echter Freund, immer so positiv.
»Das Leben ist eine Postkarte«, sagte Paul, »so wie diese hier.« Er zog die neueste aus der Tasche. »Nicht von mir«, sagte er, »von Johanna.« Sie käme am Sonntag, kündigte sie an, und er möchte sie bitte abholen. Uhrzeit, Unterschrift. »Was sagst du dazu?«
Harald lächelte milde. »Da kannst du endlich deine Sprüchesammlung anbringen. Vergiss die Lesebrille nicht.«

Am Sonntag stand Paul mit Herzklopfen auf dem Bahnsteig. Die Lautsprecheransage ertönte. Der Zug schwebte heran, Türen wurden geöffnet, Menschen quollen heraus, das Rattern der Rollkoffer erklang. Plötzlich sagte eine Stimme neben ihm: »Du hast mich nicht erkannt, weil ich jetzt anders bin.« Johanna. Johanna mit kurz geschnittenen Haaren in einem roten Hosenanzug. So hatte er sie noch nie gesehen. »Gut, dass du gekommen bist«, sagte die Frau, die seiner Prinzessin wie aus dem Gesicht geschnitten war,»halt mal eben an, da kann ich dir gleich sagen, wie die Dinge stehen. Sie stehen so: Vergiss unsere gemeinsame Vergangenheit, sie ist vor allem das: vergangen. Ich bin eine andere Johanna, frisch vom Berg, neu, hoffentlich immer noch hübsch, und du darfst dich neu um sie bewerben.« Sie lächelte, klopfte ihm auf die Schulter und ging. Auf dem Rücken trug sie einen großen Rucksack, in der rechten Hand schwangen die zusammen geschobenen Bergstöcke. So sah er sie zum Fahrstuhl gehen.

Paul blieb stocksteif stehen. Vor sein inneres Auge trat der Roland vor dem Rathaus, der Riesenritter mit Schild und Schwert. Sie hatten vor ihm gestanden, sein Arm um ihre Taille, ihr Arm um seine, und hatten sich so gut wie geschworen, gegen die unrechtmäßigen Bischöfe dieser Welt den aufrechten Gang zu wahren. Deshalb war ihm vor einigen Tagen der Roland eine Postkarte wert gewesen. Geschrieben hatte er:»Es gibt keine Helden ohne Publikum.«

Wo war Johanna? Er raste zur Treppe. Natürlich konnte er schneller sein als sie. Er sauste wie ein Kreisläufer, er flog wie eine Postkarte, er erreichte den Fahrstuhl in dem Moment, als dessen Tür sich vor ihr öffnete. Sie trat heraus, heiter und chic, und da stand er, Paul, die Postkarten zu einem Fächer aufgeschlagen.»Ich bin wieder da«, sagte er und schnaufte ein bisschen, «und ich bin immer noch da. Ich bin auch nicht mehr derselbe, und ich habe diese Postkarten geschrieben.« Er fächelte sich mit ihnen Luft zu.»Postkarten, verstehst du? Du schreibst und fliegst, das ist das ganze Geheimnis.«

Er drehte sich um, kletterte auf seinen Postkartenfächer und schwebte durch die Passage und hinaus aus der Bahnhofshalle und in schrägem Steigflug über die Bürgerweide, kurvte dreimal über der Stadthalle, drehte eine lustvolle Runde über dem alten Güterbahnhof und segelte hoch über Findorff davon nach Hause. Am Abend würde er wieder zum Training gehen.

Shipwreck Coast

Während seiner letzten Jahre als Schiffsraummakler sammelte Enno Nautiquitäten. Die schönsten zierten das Wohnzimmer: ein Schiffskompass im Messinggehäuse; eine Schautafel mit Seemannsknoten; drei handhohe Galionsfiguren auf Steinsockeln; zwei Buddelschiffe (ein Viermaster, rot, und ein Dreimaster, schwarz, mit der Bremer Speckflagge am Heck) Im Flur hingen drei Seestücke unbekannter Meister (Sonnenuntergang über der Nordsee; Hohe See bei Helgoland; Brandung und Strand irgendwo) und eine Wetterstation in Messing gefasst. In seinem Arbeitszimmer tanzten Seeleute mit Ziehharmonika, rauchten bärtige Fischer vor sich hin, strahlten Seesterne, Cowriemuscheln und kleine Skulpturen aus lackiertem Schwemmholz.

Dann machte seine Firma pleite und er fand eine Stelle in der Verwaltung von Bremens größtem Logistikunternehmen. Kurz darauf verließ ihn seine Frau. Sie sagte nicht viel, sie ging einfach und ließ ihn in der seetüchtigen Wohnung zurück. Der allerletzte ihrer sparsamen Sätze klang ihm lange im Ohr: »Auf die Schiffe, ihr Philosophen.« Bis heute verstand er das nicht, aber der Tonfall, in dem sie es gesagt hatte, nach achtzehn Jahren Ehe, ließ kein Missverständnis zu: Enttäuschung konnte er hören, und Verachtung. Er räumte seine Sammlung in Umzugskartons und stapelte sie auf dem Dachboden hinter der Seekiste, auf der zehn Piraten mit großen Messern fuchtelten und Rum tranken. In der Küche hing nur noch ein rotweiß gestreifter Leuchtturm vor Gewitterwolken. Im Wohnzimmer starrten ihn die leeren Wände und Regale an und er starrte zurück.

Da fing er an, Schiffbrüche zu sammeln, in Wort und Bild, wie er seiner Skatrunde an einem Donnerstagabend verkündete.

Nach zwei Jahren hatte Enno sich an seinen neuen Arbeitsplatz gewöhnt. »Wir operieren weltweit, das kommt noch aus der Zeit, als Bremen eine echte Hafenstadt war«, erzählte er gern immer mal wieder bei Familienfesten, »wisst ihr, noch in den Fünfziger Jahren lag der Europahafen voll mit Schiffen. Nach dem Krieg konnte man als Stauer richtig gutes Geld verdienen. Aber dann kamen die Container, und die Weser reichte nicht mehr aus. Ende der Fahnenstange. Ihr kennt doch den Brunnen auf dem Domshof? Da kann man sehen, wie Neptun das Schiff Bremen durch die See geigt, dem Untergang entgegen.«

War er soweit gekommen, unterbrach ihn regelmäßig sein Onkel Bokma, angeheirateter Verwandter aus Dornum, Ostfriesland: »Also wir wohnen hier und sind zufrieden, ich weiß gar nicht, was du hast.« Meist kam Enno dann nicht dazu, in aller Tiefe und Breite auszuführen, was er hatte (nämlich Sorgen und schwere Träume), weil die Familie zu anderen Themen kommen wollte, und die Jungschen sollten ja auch mal erzählen, was so ging in ihren Leben. In seinem jedenfalls, weltweite Logistik hin und her, ging es nicht so gut.

»Dass du Schiffbrüche sammelst, hilft ja auch nicht gerade«, sagte Gerald, »die sind doch total abtörnig.«

»Stimmt«, sagte Enno dann, »aber so ist das Leben eben.«

Enno hatte einen Traum, der immer wiederkam. Er tauchte hinunter zu einem Wrack. Er suchte etwas. Muränen schlängelten sich durch Türöffnungen, leuchtweiße Telleraugen starrten ihn an und wichen nur langsam zurück, dunkle Schleimwesen waberten um seine Füße, alles wie in einem Comic. Dann schwebte er in eine weite Halle. Von ganz hinten schlurfte eine menschliche Gestalt auf ihn zu und blieb stehen. Sie richtete eine Taschenlampe auf ihr eigenes Gesicht: es war seines.

An dieser Stelle wachte er auf, tastete aus alter Gewohnheit neben sich ins Leere und ärgerte sich über seine plattfüßige Vorstellungskraft.

»So ein Traum«, sagte er zu Gerald nicht nur einmal,»so ein Traum, wenn er schon seine Form erst hinterher vom halbwachen Hirn bekommt, sollte doch wenigstens originell sein. Und er sollte Aufschluss geben über meine Befindlichkeit, über das, was mich wirklich bewegt. Stattdessen kriege ich so einen Laientherapeutenscheiß angeboten. Begegnung mit dem eigenen Selbst, ja super.«
Aber der Traum kam immer wieder.
»Darüber könnten wir ja mal büschen länger reden«, sagte die neue Kollegin, der man einen Schreibtisch in sein Büro gestellt hatte, als er auch ihr davon erzählte,»vielleicht beim Bier?«
Enno schlug seine Lieblingskneipe in der Horner Straße vor.
»Ich glaub, die baggert mich an«, sagte er zu Gerald am Telefon,»wie find ich denn das?«
Gerald lachte leise.
»Das findest du gut, sehr gut sogar, Enno, auch wenn das Wort baggern eher zu einem Teenager passen würde. Egal, nun bagger mal ordentlich zurück.«

Am Abend am kleinen runden Tisch inmitten der Gespräche und Rauchschwaden fragte sie ihn, was er denn wohl wirklich suchte in seinem Tiefseetraum.
»Keine Ahnung. Vielleicht ein besonders schönes Wrack. Ich sammel nämlich Schiffbrüche.«
Sie sah ihn mit offenem Mund an, dann gackerte sie los, prustete, holte ihr Taschentuch raus, explodierte wieder in hellen Kaskaden, dass ihr die Tränen runterliefen. Am Nebentisch schmunzelte man. Enno war verlegen und fasziniert zugleich.
»Vielleicht noch'n Haake-Beck?« Er sah sich nach dem Wirt um.
»Nee, echt jetzt, Schiffbrüche? Wie sehen die denn aus?«
Als sie sich trennten, duzten sie sich.
»Enno.«
»Elke.«

Seine Sammlung wuchs in der ersten Zeit ungeheuer schnell. Da waren einmal die Erzählungen, angefangen mit Paulus in der Apostelgeschichte und Odysseus mit seiner Strandung bei den Phäaken, über Robinson Crusoe auf der Freitagsinsel bis hin zu zeitgenössischen Abenteuergeschichten für Kinder und Reihen von Taschenbüchern mit bunten Deckeln, auf denen Schiffe versanken oder leckgeschlagen am Ufer lagen, manchmal mit Palmen dahinter, manchmal mit hochgewachsenen Männern, die üppige Frauen umfassten.

»Du hebst diese Geschichten auf wie andere Leute Strandgut«, sagte Elke am Sonntagmorgen, als sie Arm in Arm über den Flohmarkt vor der Stadthalle schlenderten, »und was machst du dann mit ihnen? Und was machen sie mit dir?« Enno mochte diese Art zu reden nicht so gern. Er erzählte ihr lieber von seinem Lieblingsfund: der langsamen Zertrümmerung der Schomberg an der Shipwreck Coast in Südaustralien.

»Die Schiffe aus Europa mussten damals um Afrika herum. Sie segelten ganz weit südlich an der Packeisgrenze entlang und dann nördlich nach Melbourne. Wenn sie die Meerenge zwischen dem Kontinent und Tasmanien nicht trafen, hatten sie schlechte Aussichten. Der Wind aus Südwest drückte sie gegen die Steilküste. Auf der Schomberg feierten die Passagiere an diesem Abend selig und laut: morgen in Melbourne. Dann krachte es. Die Rahen oben hauten gegen den Felsen, der Wind drückte und drückte, gewaltige Brecher hämmerten auf das Schiff ein, sie kamen nicht mehr weg, und Stück um Stück brach der Dreimaster auseinander.«

Elke sagte nichts dazu, sondern lud ihn zu sich zum Essen. Er verschwieg ihr, wie sein Freund Gerald diese paradiesische Katastrophenlandschaft auf der andern Seite der Welt kommentiert hatte.

»Du solltest da mal hinfahren, Enno«, hatte Gerald nach dem zweiten Bier angemerkt, »aber du kriegst ja den Arsch nicht hoch. Lass mich das mal so sagen, mein Lieber, du bist in dieser Hinsicht eine Dauerflaute, du redest und sammelst und sammelst und redest und speicherst Untergangsgeschichten von werweißwo, aber wenn du schon mal einen Ort hast, einen echten, geographisch verbürgten, mit Längen- und Breitengrad ausgestatteten Ort, wo du alles besichtigen könntest, wo die Sachen handfest würden – dann streichst du die Flagge.«

Enno hatte eine Weile vor sich auf den Tisch gestarrt und Bierdeckel hin und her geschoben.

»Mir geht es um die Idee«, hatte er dann gesagt, »um den Eindruck, den jemand hatte, das Gefühl, das da entstand. Was interessiert mich ein gekappter Mast oder ein Leck in der Bordwand.«

Elke unterbrach seine schweigende Erinnerungsträumerei. »Kaffee? Cognac?« Als er nicht antwortete, sondern sie nur anguckte, stand sie auf und trat dicht an ihn heran. Sie nahm sein Gesicht in beide Hände. »Ich wüsste auch noch was anderes«, sagte sie leise mit etwas zittriger Stimme.
Enno stand auf und nahm sie in die Arme. Dann ließ er sie los. »Entschuldige, Elke, du weißt, dass ...« Er wusste nicht weiter. »Entschuldige, ich ...«. Er nahm seine Jacke und ging schnell weg.

Am Abend rief er Elke an und entschuldigte sich. Ihm sei schlecht gewesen, vor Aufregung wahrscheinlich, und überhaupt, er fühlte sich der Lage nicht gewachsen. »Am liebsten würde ich mich in einen Container packen und weit wegschicken lassen«, sagte er. »Dabei mag ich dich so.«
Er legte schnell auf. Er ging an seiner Bildergalerie entlang. Kunstdrucke und Postkarten. Schiffe auf Stränden und Klippen, an Felsküsten und weit draußen auf hoher See zwischen Eisbergen oder vor schwarzen Wolkengebirgen. Caspar David Friedrichs Eismeer hatten ihm Freunde geschenkt, dabei nachsichtig den Kopf schüttelnd; von einer Schulfreundin und zeitweiligen Geliebten kam Turners Shipwreck (nicht ohne bedeutsame Begleitblicke); die Titanic tauchte auf und unter, Columbussens Santa Maria, Shackletons Endurance, die vom Packeis zerquetscht wurde, Géricaults Floß der Medusa (das zerschellte Schiff war nicht zu sehen, wie er immer wieder missbilligend feststellte), und auf einem Foto fand sich die Amoco Cadiz, die 1978 in der Biscaya havariert war und fast ein Öldesaster ausgelöst hätte. »Ich weiß schon, warum ich euch hier hängen hab« sagte er leise, »aber nicht die Schrecklichkeiten vor der libyschen Küste.«

Am Montagabend brachte Elke ihm eine Postkarte mit. Sie kam von ihrem Sohn, der nach Schweden geheiratet hatte. »Es ist die Wasa«, sagte sie, »ich war mal da, die ist wirklich schön.« Sie war einmal ein stolzes, golden glänzendes Staatsschiff gewesen, mit

Masten und Kanonen, aber bei ihrem Stapellauf schon im Hafen von Stockholm wurde sie von einer Bö erfasst und unter Wasser gedrückt. Das war, wie ihr Sohn ihr geschrieben habe, schon 1628 gewesen, und erst 1961 war die Wasa gehoben, restauriert und in ein Museumsschiff verwandelt worden. Und: Nein, sie sei ihm nicht böse, alle Dinge hätten ihre Zeit.

Die Wochen kamen und gingen, Bremen war kühl und sonnig, oder regnerisch und warm, aber Enno merkte fast nichts davon. Er saß vor seinem Monitor im Büro, er saß vorm Fernseher zu Hause, er spielte Skat am Donnerstagabend und trank gelegentlich ein Bier oder zwei mit Gerald. Und Elke? Sie war in seine Tagträume eingewandert, als lockende Galionsfigur aus Fleisch und Blut, als Aphrodite, wie sie dem Meer entstieg, und sogar als Nixe, wie er Gerald anvertraute.

»Du solltest mal rausfinden, ob sie einen Fischschwanz hat, Mensch«, sagte Gerald, »statt hier nur rumzuträumen. Enno, von Freund zu Freund, tu was. Von Sehnsucht allein kommt nichts.«

Enno brachte ihr Blumen mit. Enno ging mit ihr ins Theater. Enno redete von seinen neuesten Erwerbungen für seine Sammlung. Aber weiter traute er sich nicht.

»Enno, in einer Woche ist Heiligabend« sagte sie einmal, »ich muss dir vorher was Wichtiges mitteilen. Gehen wir noch auf ein Bier?«

Sie tranken den ersten Schluck.
»Ich mach noch mal einen Versuch, Enno«, sagte sie, »hör mir gut zu.«
Sie kramte in ihrer Handtasche, zog ein längliches Kuvert heraus und legte es auf den Tisch. Sie nahm seine Rechte, die neben dem Bierdeckel lag, in beide Hände.

»Dies ist dein Weihnachtsgeschenk. Nein, unser Weihnachtsgeschenk. Guck es dir jetzt an.«
Enno öffnete das Kuvert mit beiden Händen.
»Quantas«, sagte er unsicher, »nach Melbourne.«
Er sah sie an. Sie nickte.
»Das ist nicht weit von deiner Shipwreck Coast. Du sollst sie endlich in Augenschein nehmen. Ich hab auch schon ein Auto gebucht, und das Hotel. Wir fahren nämlich beide hin, zusammen. Wir beide zusammen.« Ihre Stimme zitterte wieder ein bisschen.
»Los, sag was.«

Vor der Ernte

on ihrer Wohnung in Borgfeld gelangte Gerda wie immer schnell auf den Deich und rollte durch den warmen Herbstmorgen. Die Sonne schien, als wollte sie nie aufhören, die Reifen summten, weites Land.

Dann sah sie das kleine Schild, Maislabyrinth 250m, schwarz gedruckt in großen Buchstaben auf einem A4-Blatt, in einer Folie an einen Baumstamm gepinnt. Eine Abfahrt führte vom Asphaltband hinunter zu einem Maisfeld mit einer winzigen Bude davor. Gerda zögerte einen Moment, dann hielt sie und stellte das Rad ab.

Ein Mann saß da und sah ihr aufmerksam entgegen.

»Zwei Euro für das große Geheimnis« sagte er ohne zu lächeln.

Sie schob ihm die Münze über das Brett, er riss die Eintrittskarte von der Rolle.

»Solch ein Geheimnis kriegt man sonst nicht so billig, das hier ist geradezu verschleudert« sagte er unfreundlich.

»Schon gut« sagte Gerda, »ist ja nur ein Maisfeld, in das jemand Schneisen gefräst hat.«

»Ich fand diesen Wichtigtuer albern, weißt du, aber dann wurde es wirklich merkwürdig zwischen den hohen Stengeln« erzählte sie am Nachmittag beim Tee ihrer Freundin. Sie kannten sich vom Meditationskurs. »Es war heiß da drinnen und fast still, nur die Maisblätter raschelten, und ich hatte das Gefühl, dass irgendwas Seltsames passieren könnte.«

»Und?« Violeta beugte sich vor. »Ist es passiert?«

»Eigentlich nicht. Aber das Gefühl war gut.« Sie zuckte mit den Schultern. »Sie nennen das Ganze Labyrinth, ist ja auch nett, aber richtig verirren kannst du dich nicht. Ein paar Abzweigungen, ein paar Sackgassen, das ist schon alles. Nur ein runder freier Platz mittendrin, der ist sehr besonders. Ich stand da und kam mir vor wie tief in einem Versteck, das nur ich kannte.«

Violeta grinste. »Und da würdest du dich selbst finden?«

Sie nippten am Tee.

»Ich machte die Augen zu. Jetzt kann es passieren, dachte ich, jetzt, genau jetzt. Ich wusste aber nicht, was.«

»Du erzählst die Geschichte meines Lebens«, sagte Violeta, »ich warte auch immer auf alles Mögliche, das dann nicht kommt.«

Sie schwiegen einen Moment. Dann nahm Gerda den Faden wieder auf.

»Das war's dann schon«, sagte sie. »Als ich die Augen wieder aufmachte, wusste ich einen Moment lang nicht, welche von den fünf Schneisen zum Ausgang führte.«

»Und dann hast du dich verirrt und bist vom Helden gerettet worden.«

»Natürlich hab ich den Weg gefunden.« Sie lachte. »Und es gab kein lechzendes Ungeheuer tief in einer Höhle. Nur Mais.«

»Schade eigentlich« sagte Violeta.

Gerda stand auf. »Eins muss ich noch schnell erzählen. Auf dem Weg zum Ausgang hatte ich einen Moment lang den Eindruck, dass da noch jemand ging, neben mir, nur eine Pflanzenreihe weiter. Das war ein bisschen gruselig.«

»Gerda, Mensch, echt jetzt, du darfst da nicht wieder hin.«

»Da waren Schritte, und ein Schatten, glaub ich. Erst dachte ich, das wär dieser Typ von der Kasse«, Gerda flüsterte jetzt fast, »für einen Moment glaubte ich sogar, ich sähe sein Gesicht.«

»Was?«

Gerda schnaubte durch die Nase. »Ich war es wohl selbst. Die Schritte meine ich. Nun grins nicht so.«

Zu Hause fand Gerda einen Zettel von ihrem Nachbarn. Er lud zu einem ›Skulpturentag‹ ein.

»Jeder bringe bitte ein Stück Holz mit, Brett oder Pfahl, Latte oder Platte, dann machen wir was draus. Ich erwarte euch am kommenden Sonnabend, ab Mittag.«

Das war wieder typisch Alex, immer noch der eigenartige Vogel, dachte Gerda und trank kalte Buttermilch direkt aus dem Kühlschrank. Er grüßte immer enorm freundlich, wenn er sie sah. »Gerda«, sagte er dann gern und lächelte verschmitzt, »wir beiden, nicht?«

Arm in Arm mit ihrer Freundin schlenderte sie am Ende der Woche auf den kleinen Hof.

»Alles ziemlich wild hier« flüsterte Violeta, »wie vor einer Orgie«, und sie kicherte ein bisschen.

Alex ging ihnen mit ausgestreckten Händen entgegen.

»Ich freue mich, dass ihr gekommen seid. Die Skulptur soll da drüben entstehen, da sammeln wir alles.«

Andere Nachbarn und Freunde kamen, mitgebrachtes Holz wurde auf einen Haufen geworfen, Flaschen abgestellt, Brot, Oliven, Schafskäse und gefüllte Weinblätter auf dem langen Tisch angeordnet. Alex klatschte in die Hände. Er war ein kleiner Mann, der Holzhaufen reichte ihm bis zur Schulter. Er stützte sich mit einer Hand auf den Arbeitstisch, auf dem die Nägel und Schrauben, die Hämmer, Bohrer, Zangen und Sägen lagen.

»Ich glaube, alle, die kommen wollten, sind hier«, rief er, »es kann losgehen.« Alle zogen Arbeitshandschuhe an, während Alex seine Vorstellung erläuterte. Er wünsche sich eine übergroße menschenähnliche Skulptur, sagte er, die aber nur zu drei Vierteln geschlossen sein sollte, so dass sich da einer hineinstellen könnte. Sie legten los. Um die zwanzig Menschen, die hämmerten und sägten, lachten und oft Scheiße sagten, die schraubten und nagelten, abrissen und ein zweites Mal nagelten, und in ihrer Mitte wuchs eine wunderliche Gestalt empor. Auf einer massiven Palette stehend, unter die Kinderwagenräder montiert waren, mit Dachlatten innen und außen verstärkt, hob sich ein hölzerner Hohlkörper höher und höher. Ungehobelte Endstücke von Balken und Latten standen heraus, es gab doppelte Wandungen neben deutlichen Lücken, krumm geschlagene Nägel und angeknackste Bretter.

»Wozu denn die Räder?« fragte Violeta.

Alex lächelte.

»Das kriegen wir später« sagte er, »ist nicht so wichtig.«

Um sechs stand das Gebilde und sie zogen die Handschuhe aus und aßen. Während langsam die Dämmerung fiel, machte sich Alex noch am gemeinsamen Werk zu schaffen. Er hatte sich eine Aluminiumleiter aus dem Haus geholt und rumorte oben, wo so etwas wie ein kastenförmiger Kopf entstanden war, und hämmerte und fluchte. Dann klappte er die Leiter zusammen, brachte sie weg und schenkte sich ein Glas Retsina ein. Sein T-Shirt war durchgeschwitzt, sah Gerda, und er hatte eine Schramme an der Stirn. Mit dem Handrücken wischte er darüber und verschmierte ein bisschen Blut. Gerda sah zur hölzernen Statue hinüber. Ganz oben stachen zwei Latten in den jetzt fast dunklen Himmel, fast sahen sie aus wie Hörner.

Am nächsten Tag, es war ein Sonntag, saß Gerda wieder auf dem Rad und rollte auf dem Deich durch die Wümmeniederung, vorbei an Weiden und Eichen, vorbei an den alten Bauernhöfen, vorbei an dem Aussichtsturm und dem leeren Feld mit dem Schild ›Blumen selber schneiden‹. Während sie das Rad neben der Kassenbude am Maisfeld abstellte, drangen von weit hinten Geräusche an ihr Ohr, metallenes Rollen, darüber undeutlich Männerstimmen, die sich Kommandos zuriefen, spitzes Quietschen von Holz, das sich gegen Holz rieb. Sie machte die paar Schritte zurück hoch auf die Deichkrone. Aus der Richtung, aus der sie gekommen war, schwankte die hohe Brettergestalt heran, von zwei Männern an zwei Seiten gehalten, während zwei andere von hinten schoben. Sie holte ihr Rad, stieg hastig auf und fuhr in die andere Richtung davon.

»Ich geb's ja zu« sagte sie ein paar Tage später zu Violeta, »ich fahr jetzt fast jeden Morgen hin.«
»Jedes Mal zwei Euro?«
»Da ist keiner mehr, keine Kasse, kein Mann.« Sie lächelte.
»Das war ein seltsamer Bruder, aber echt.«
Was sie im Mais wollte, fühlte sie nur ungefähr. Aber dann geschahen ihr dort kleine Dinge, kleine Unebenheiten kamen in die Glätte des Alltags. Die Aromen des Herbstes, hätte sie vielleicht sagen können, die Suggestion fremder Blüten, die Wege voll raschelnder Versprechungen. Von der hohen Holzfigur, die jetzt stumm auf der runden Lichtung im Innern stand, erzählte sie ihrer Freundin nichts. Manchmal fand sie sich auch selbst ziemlich albern und schüttelte den Kopf. Dann strich sie über ihre

honiggrauen Haare und ging trotzdem hinein in die Stille. Was sie da tat nannte sie Kurz vor der Ernte und wäre nicht erstaunt, Avocados und Maracujas zu pflücken, Granatäpfel und Orangen. Einmal war sie fast sicher, im stillen Herzen des Labyrinths Alex zu sehen, wie er aus der hohlen Gestalt trat. Er war größer und jünger als sonst, er trat ihr entgegen und breitete die Arme aus, oder nein, war es vielleicht anders, sollte es vielleicht so sein, dass er mit der großen Skulptur verschmölze, dass er mächtig würde, ganz Muskeln und Fell, und ihr entgegenschnaubte mit begehrlichen Augen? Dies wiederholte sich nicht, und sie erwähnte auch davon nichts.

So ging es. Dann kam der Tag, da sie zum letzten Mal zwischen die Maisreihen trat. Dies ist mein wirklich letzter Besuch, sagte sie laut, dann wird hier alles weggefräst. Ohne große Verwunderung sah sie, wie die Pflanzen sich zu Bäumen weiteten, wie ihr fahles Grün und schwächliches Herbstgelb zu Smaragd und Tigerauge wurde. Dies ist, sagte eine Stimme in ihr, dies ist dein Edelsteinwald. Er ist aus Karnel und Lapislazuli, der Stamm des Zedernbaums ist ganz aus Streifenachat, die Äste und Nadeln sind aus Koralle. Darunter wächst hell kristallenes Gebüsch. Sie ging langsam weiter. Sie befühlte die braunschwarzen Maiskolben, die glänzten wie verwesende Käfer. Diese Früchte würden nicht mehr zur Reife kommen. Was für Götter mussten es sein, die das zuließen? Mit langen Pausen, in denen die Zeit versank, ging sie auf fallenden Blättern weiter. Die Abzweigungen kamen nicht, wo sie sie erwartete. Sie sah nach oben. Blauer Himmel, kleine Schäfchenwolken. Ein Zittern ging durch die Pflanzen. Wenn ich mich schon verirren muss, dann ist dies genau der richtige Ort dafür. Von hinten kamen trippelnde Tritte. Winzige grünblaue Skorpione klickerten in einer langen Kette über den Boden. Gerda drückte sich an die Seite zwischen zwei gläserne Pflanzen, deren Blätter knackend brachen und auf dem Boden zu Scherben zerplatzten. Sie schlüpfte wieder auf den Weg und fühlte sich leicht wie eine Wolke. Sie wollte sich bedanken, aber bei wem? Noch eine Wende, noch ein Schlenker, noch eine Gabelung. Wie herrlich, den Weg zu gehen, wie wenn es einen roten Faden gäbe. Gerda sah, wie die Sonne sich langsam dem Horizont näherte und die flach fallenden Strahlen immer üppigere Farbspiele in der Glitzerwelt entzündeten. Könnte es sein, dass von diesen Bäumen sich die Jahre wie Blätter lösten und zu Boden fielen? Sie horchte auf. Von weiter vorn kam schweres Brummen aus einer tiefen Kehle, es grimmte und grollte, und sie erschrak für einen bangen Moment. Dann war auch das vorbei, sie erreichte den stillen Platz, auf den die fünf Wege mündeten. Einen langen Augenblick lang stand sie auf der Lichtung vor der Statue, dann ging sie zielsicher zwischen zwei ultramarinblauen Bäumen hindurch auf einem Trampelpfad zum Ausgang.

Am Abend beim Doppelkopf war sie nicht richtig bei der Sache. Nach einigen Runden machten sie Pause, Violeta stellte sich ans Fenster. Plötzlich fing sie fürchterlich an zu lachen.

»Sie brennen dein Labyrinth ab« sagte sie und verschluckte sich fast, »ich kann von hier aus den Widerschein sehen.«

Die vier Frauen legten die Karten beiseite, stiegen auf die Räder und fuhren durch die Nacht so schnell sie sich trauten. Das Maisfeld war schon fast verschwunden, nur in der Mitte loderte noch ein Flammenbündel in den Nachthimmel.

»Unsere Skulptur«, sagte Violeta fröhlich, »die brennt aber gut.«

Sie gingen über die rauchende Asche. Vor den Flammen standen Alex und andere Männer mit Bierflaschen in der Hand und sahen stumm zu.

»Der Mais war sowieso verdorben«, sagte einer von ihnen, »da war nichts mit ernten.«

Der Holzfigur oberer Teil, der aussah wie ein eckiger Stierkopf, sank krachend in den glühenden Rumpf hinunter, verkohlte Bretter und Latten fielen zu Boden, Funken stoben, es züngelte bläulich, türkisgrün und gelb.

Gerda nahm Violetas Arm und sie starrten in die Glut.

Das Lächeln der Galionsfigur

*Und auf die Lippen der Galionsfiguren
tritt unverhüllt das Lächeln der Lemuren.*

Ingeborg Bachmann

Der Sonntag vor Pfingsten war mal wieder so ein Tag. Der Taxidienst bis morgens um sieben hatte Theo weichgekocht, kurze Fuhren, wenig Trinkgeld. Als er nach ein paar Stunden Schlaf seinen Vater abholte, war er voller großer trauriger Gefühle. Womit hatte er das alles verdient? Sie hielten wieder an ihrer Lieblingsstelle am Europahafen und sahen auf das schwarze Wasser. Theo redete vor sich hin: Von der Gottverlassenheit des leeren Geländes; den schwarzen Wolkenfingern vor orangegelber Sonnenpracht im Westen; der Vergänglichkeit menschlicher Anstrengung (Hafen ohne Schiffe); dem Wasser, das versuchte, wie der Styx auszusehen und auch irgendwie der Styx war.

»Ich hör dir zu« lachte der Alte, »das sind ja Abgründe. Sentimentales Blabla. Lernt man das heutzutage in der Germanistik? Kein Wunder, dass du es nur zum Taxifahren gebracht hast.«

»Vaddern!«

»Ja, bevadder du mich nur, du zartes Herzchen.«

Er hüstelte.

»Allerdings, wenn du dich nicht so liebevoll um mich kümmertest …«

Jetzt musste Theo lachen; es klang nicht heiter. Liebevoll? Am liebsten schöbe er den Alten bis an den Rand, ein Schubs, und er sähe ihn fliegen und platschen und nicht mehr auftauchen.

»Ich weiß, dass du von mir die Schnauze voll hast«, sagte der Alte, »und ich auch allmählich. Ich hab diesen Rollstuhl genauso satt wie du. Und ich hab satt, allein zu leben, ohne deine Mutter. Deshalb will ich dir einen Deal vorschlagen, echt und ehrlich, korrekt wie unter Fahrensleuten«.

»Ich bin aber kein Fahrensmann. Und du bist doch auch keiner. Du warst Hafenarbeiter, und dann bist du Lehrer geworden. Grundschullehrer.«

Kleine Pause. Dann sagte der Alte leise:

»Was weißt denn du davon, was jemand wirklich ist. Du weißt doch gar nichts. Gar nichts weißt du.«

Ein kleiner Wind kräuselte das schwarze Wasser. Weiter hinten sah man die Kräne der Baustelle. Sie standen gelb und hoch in den blauen Himmel, wie magere Albatrosse.

»Aber jetzt kannst du was Nützliches tun. Für mich.« Er hob abwehrend die Hände. »Ich weiß, du tust schon so viel. Aber du hasst es, oder? Du bist enorm zornig, auf dich und auf mich, dass du abhängig bist von mir, dass du ohne meinen Zuschuss nicht klarkommst, oder? Das kannst du jetzt ändern. Du führst einen kleinen Auftrag aus, und dafür belohne ich dich.« Kleine Pause.

»Mit meinem Tod.«

Vor Schreck hätte Theo den Rollstuhl fast über die Kaimauer geschoben. Er schluckte.

»Du willst dich umbringen? Das darf man nicht. Das kannst du doch nicht machen. Und wieso sollte mich das belohnen?«

»Nun mal locker. Wenn du tust, worum ich dich bitte, dann erbst du alles, und ich bin weg. Das ist die Schönheit meines Vorschlags. Kein Rollstuhlschieben mehr am Sonntag. Ich nur Asche. Du kannst mich in die Weser streuen. In genau einem Jahr nach Vertragsabschluss.«

Theo schluckte wieder.

»Du bist ja verrückt.«

Mehr fiel ihm erstmal nicht ein.

»Du hast sie ja nicht alle.«

Er sah in die Weite.

»Aber gesetzt den Fall, dass: was müsste ich denn tun?«

Als er, zwei Wochen später, den schmalen Weg zwischen den Schrebergärten entlangging, hörte er das Kratzen einer Schaufel oder eines Spatens, wusste aber nicht, woher es kam. Dann sah er seinen Vater auf seinem Rollstuhl in der Julisonne sitzen und Jocki zugucken, wie der einen breiten Graben neben dem Haus aushob.

»Der soll ganz ums Haus gehen«, sagte sein Vater. Er sah seinen Sohn an.

»Jocki macht das nicht umsonst, nur weil er mein Zivi ist. Nicht, Jocki?«

Jocki richtete sich auf und nickte.

»Hallo Theo«, sagte er, »was macht das Taxi?«

Theo stand ganz still.

»Und was soll das?«

Sein Vater lachte nur und sang: »Deine Heimat ist das Meer, deine Freunde sind die Sterne, na sing mit, über Rio und Shanghai, über ...« Er brach ab. »Ach, du kennst das nicht? Schade.«

»Ich bin kein Seemann«, sagte Theo, »immer noch nicht.«

Sein Vater rollte dicht heran und fasste ihn am Arm.

»Komm mal mit rein, ich mach uns einen Tee.«

Theo lächelte.

»Mit Rum?«

»Siehst du, du hast es verstanden. Jocki, du auch einen Tee?«

Jocki stützte sich malerisch auf den Spaten, wischte mit dem Handrücken über die Stirn und sagte dann:

»Ja gern.«

Der Alte rollte voran in die Küche und setzte Wasser auf.

»Um ehrlich zu sein, so richtig gut geht's mir nicht. Das sieht nur so aus. Ich konnte wieder nicht schlafen. Der Wasserhahn hat die ganze Nacht getropft.«

Er drückte auf den Knopf am Wasserkocher. Theo sagte:

»Soll ich ihn mir mal ansehen?«

»Meinst du, du kannst das besser als ich? Ich hab nochmal eingefettetes Werg ums Gewinde gelegt und die Muttern nachgezogen. Aber das Aas tickt weiter wie ein blöder Wecker.«

»Hauptsache, er klingelt nicht.«

Der Alte lächelte etwas mühsam.

»Nee, dat weet ick woll, erst wenn so ein Hahn kräht, wird es ernst.«

Und nach einer kurzen Pause: »Vor allem früh am Morgen.«

Er hängte zwei Teebeutel in die Kanne.

»Und wie sieht's aus? Machst du's? Tust du deinem alten Vater den Gefallen? Klaust du mir so ein Ding?«

Theo nickte.

Ilka war dagegen. Nun war Ilka oft dagegen, meistens hatte sie gute Gründe. Aber warum musste sie ausgerechnet damit anfangen, als sie gerade ins Bett steigen wollten?

»Warum nicht? Weil es zu unmoralisch ist? Weil ich ins Gefängnis kommen könnte?«

»Ja, genau. Du würdest es vergeigen, wie du fast alles vergeigst. Schreib doch lieber mal deine Arbeit fertig.«

Sie redeten auf eingefahrenen Spuren. Gleich würde sie sagen: »Ich hab doch keine Lust, ewig neben einem dröseligen Altstudenten aufzuwachen, der mehr drauf hätte als Taxifahren.«

Theo wusste auch, und Ilka wahrscheinlich ebenfalls, was er sagen würde – und da floss es ihm auch schon aus dem Mund wie von selbst: »Ich pack das schon, ich muss doch nur noch diese blöde Examensarbeit fertig machen.«

»Ja. Und warum tust du's nicht?«

Bis hierhin war der Dialog gut durchgearbeitet und sie kannten beide ihren Text auswendig. Von dieser Stelle ab gab es zwei Hauptvarianten, je nach Tageszeit. Theo fürchtete am meisten diese:

Er: »Warum soll ich so schnell fertig werden, das Leben wird nie wieder so schön.«

Sie (schrill): »Warum? Warum? Damit du deinem Vater nicht mehr auf der Tasche liegst. Und mir auch nicht.«

Er: »Deswegen fahr ich doch Taxi.«

Sie (herabgezogene Mundwinkel): »Reicht ja nicht, oder?«

Er wollte sie in die Arme nehmen, aber sie wich aus.

Es war alles sehr Telenovela, fand er, aber leider nicht ohne Grundlagen im Faktischen. Die andere Hauptvariante ging so:

Er: »Du weißt doch, ich hab da so eine Art writer's block, ich komme einfach nicht in den flow.«
Sie (verzerrtes Lächeln): »Deine Modewörter kannst du dir sonst wohin stecken. Du bist einfach zu passiv. Antriebsarm. Latent depressiv.«
Er (leise): »Ich nenne das lieber melancholisch, wie ich bin.«
Sie (schrill): »Ha.«
Er (tapfer schluckend): »Die Melancholiker waren immer schon die gedankenvolleren Menschen. Reflektiert. Sensibel.«
Heute kam eine neue Fortsetzung, sie sagte nämlich:
»Aha, sensibel. Reflektiert. Und so einer will eine Dingsbumsstatue klauen? Niemals. Das schaffst du nie. Dein Vater wird dich auslachen. Tut er wahrscheinlich jetzt schon.«

Es dauerte fast bis zum Ende der Semesterferien im Herbst, dann stand Theo endlich bei den kupfergrünen Zentauren, die sich vor dem Museum in Altona um einen Riesenfisch im Netz stritten, las die Tafel mit den Erklärungen und ging zweimal um den Brunnen herum, um den nächsten Schritt noch ein wenig hinauszuzögern. Jetzt reiß dich zusammen, sagte die kleine feste Stimme in seiner Brust, und er schnaufte die Stufen hoch in die Vorhalle, kaufte eine Eintrittskarte und ließ seine schwarze Kunstlederjacke bei der Garderobenfrau. Hätte sie ihm auch so freundlich gezeigt, wo der Saal mit den Galionsfiguren war, wenn sie gewusst hätte, warum er hier war? Hinter Kasse und Büchertisch vorbei nach rechts und die Stufen hinunter, und da hingen sie, ziemlich hoch oben, in einer langen Reihe nebeneinander, Frauen mit starren Gesichtern, angezogen oder etwas nackter; Männer in Uniform, den Blick stramm in die Zukunft gerichtet; manche blass, manche in kräftigem Blau und Rot und Gelb gehalten, manche mit Beinen, manche nur bis zur Hüfte geschnitzt; eine Hirschkuh, ein Indianer, ein Kriegsgott, ein Seepferd, und dann hatte er keine Lust mehr.
Waren echt keine Schönheiten. So eine sollte er also klauen, aber wie? In seine Hosentasche passten sie schon mal nicht. Er war wütend. Konnte der Alte sich nicht anderen Figurenkram in seine Wohnung stellen? Er fuhr wieder nach Hause.

»Figurenkram«, sagte sein Vater, als er ihm am Sonntag seine Niederlage samt Beobachtungen und Zweifel vorlegte,» bist du denn bekloppt? Das sind hölzerne Lebewesen, wenn du verstehst, was ich meine, Engel, jeder sorgfältig auf sein Schiff abgestimmt. Und ich möchte eine, die auf all dies hier abgestimmt ist, Mensch, vor allem auf mich. Das fängt schon mal damit an, dass es eine Frau ist, büschen üppig gebaut, muss ja nicht nackt sein. Also was ist, nimmst du einen zweiten Anlauf?«

Das tat er, aber vorher vergingen noch einige seemännische Sonntage. Zum Beispiel so einer: Sein Vater saß in seinem Stuhl am Fenster neben der Tafel mit Seemannsknoten und übte. Die helle Herbstsonne fiel auf seinen kahlen Schädel. Mann, war der alt geworden.» Kannst du einen Palsteek?« fragte er ohne aufzusehen. Theo schüttelte den Kopf. Sein Vater fummelte noch ein bisschen, dann fielen ihm die Schnurenden aus den Fingern.

»Schiet, wieder nix. Mit der Schnur ist das wie mit dem Leben, das Ende kommt einfach zu früh.«

Er beugte sich nach vorn, so dass Theo sein Gesicht nicht sehen konnte.» Aber ich schaff das, ich hab's bald.«

Er sah hoch.

»Du auch, hoffe ich. Dauert ja nun schon ganz schön lange.«

Er guckte einen Augenblick traurig und enttäuscht, fand Theo, dann zeigte er auf die Wand hinter dem Sideboard aus echter Eiche (furniert).

»Guck mal. Gut, nicht?«

Es war ein großes Werbeplakat des Norddeutschen Lloyd aus der Kaiserzeit: Fahrten nach New York und Südamerika, ein weißes großes Schiff. Theo fühlte einen Kloß im Hals und wollte etwas Freundliches sagen, brachte aber nur ein »Echt klasse!« raus, klopfte seinem Vater auf die Schulter und ging schnell. Im Hinausgehen hörte er den Alten singen.

»Doch wenn der letzte Mast auch bricht, wir fürchten uns nicht.«

34

Am letzten Sonntag im August kamen Eberhard und Margot, die links von ihm das Grundstück hatten, und Gerhard und Gerda von rechts, wo im Mai der große weiße Flieder geblüht hatte. Sie wohnten alle im Stephaniviertel und kamen nur am Wochenende in ihren Schrebergarten. Sein Vater hatte sie schon vor vierzehn Tagen zum Geburtstagskaffee eingeladen, zusammen mit Jocki dem Zivi, Ilka und Theo. Sie saßen um den großen Wohnzimmertisch mit der rot-weiß karierten Decke drauf und bewunderten den neuen Kunstdruck über dem Fernseher.

»Delfine sind freundliche Tiere«, sagte der Alte. »Sie helfen verirrten Schiffen in den Hafen. Wenn ein Seemann über Bord geht, in einem Sturm oder so, lassen sie ihn huckepack reiten, bis sie ihn im Trockenen haben. Keiner muss allein da draußen verrecken«.

Theo sah, wie sein Vater schluckte und sich mit der Hand über die Augen fuhr, als er mit der Kaffeekanne aus der Küche kam. Dann fing er sich wieder. Er sah in die Runde.

»Noch jemand Kaffee? Oder'n lütten Schnaps?«

Er grinste verwegen und liebevoll.

»Theo wird euch gern bedienen. Jocki, bleib sitzen.«

Er spießte ein Stück Sandkuchen auf und tauchte es in die Sahne auf seinem Teller.

»Wo war ich gerade? Ja, richtig, Delfine. Wo die nämlich sind, ist auch Neptun nicht weit. Waren seine Lieblinge.«

Er schob die Ladung in den Mund, kaute und hielt die Kuchengabel hoch. »Neptun, Dreizack, klar, oder? Und jetzt die Gläser her.«

Gerhard packte eine LP aus.

»Wir haben dir diese olle Platte von Udo Lindenberg mitgebracht, einen CD-Player hast du ja nicht. Siebziger Jahre, kennst du das noch? Hör mal.«

Und sie hörten das Lied vom pensionierten Käpt'n, der den Rum prüft, früher viel mehr vertragen konnte und schließlich singend über den Deich schwankt. Alle klatschten.

»Ich nicht«, sagte sein Vater, »ich bleib auf meinem Schiff bis zum Ende.« Später, als die Gäste gegangen waren, sagte er zu Theo:

»Dass du mir aber nicht auf die Idee kommst, mir so einen Meergott aus Holz anzuschleppen. Auch keinen Käpt'n mit oder ohne Rum. Eine Frau, wie gesagt. Und mach'n büschen dalli, sonst ist das zu spät.«

Theo sah Ilka verlegen an.

»Ist gut, Vaddern, ich hab's verstanden.«

Jocki brachte sie zur Tür.

Am nächsten Tag fand Theo sich zwischen zwei Männern in blauen Jacken und mit Wollmützen auf dem Kopf auf der Bank vor dem Museum in Brake. Irgendwie war es eine sinnlose Wiederholung, dachte er, aber gesagt ist gesagt. Sie saßen still im kalten Herbstwind und sahen auf die Weser, die langsam vorbeizog. Irgendwann gab Theo sich einen Ruck und redete von Galionsfiguren und davon, dass sein Vater gern eine hätte. Der eine der beiden Männer, der einen rotgrauen Backenbart rund ums Gesicht wachsen ließ, sagte:

»Ach, deswegen bist du hier. Die geben aber keine her, jedenfalls nicht freiwillig.«

Theo sah ihn stumm an.

»Und klauen, das würd ich lieber lassen. Das ist nicht korrekt. Und außerdem ist alles gesichert.«

Der andere zog an seiner Pfeife und schwieg.

»Und wenn ich mich einschließen lasse?«

»In dem lütten Museum? Da kommt doch nur eine Handvoll Besucher am Tag, die Gesine vorne an der Kasse hat dich doch nicht nach einer halben Stunde vergessen.«

Er guckte Theo rauf und runter an.

»Nee, nicht mal dich.«

Er sah wieder geradeaus.

»Und außerdem«, sagte jetzt der mit der Pfeife, »außerdem ist Kalle hier der Nachtwächter. Der weiß ja jetzt Bescheid.«

Die beiden fingen grässlich an zu lachen. Das rumpelte und krächzte, das stöhnte und zirpte wie ein ganzes Möwenorchester. Sie beruhigten sich und sahen ihn von beiden Seiten an.

 36

»Aber ich könnte dir vielleicht eine verkaufen«, sagte der mit dem Bart.

»Wird aber nicht ganz billig«, sagte der mit der Pfeife.

Sie war nicht ganz billig, sie war nicht neu, und sie machte viel Arbeit. Theo brauchte fast zwei Wochen. Nach Brake (ohne Fuhre, wer wollte schon nach Brake), angucken, Tee trinken, verhandeln, zurück, Taxi fahren. Wieder hin, Tee trinken, aussuchen, über den Preis reden, zurück, Taxi fahren. Dann musste die Figur überlackiert werden und trocknen. Und wieder hin und zurück, angucken, Tee trinken, zustimmen. Eigentlich war sie nichts Besonderes, eine Frau aus Holz in rotem Kleid mit tiefem Ausschnitt, die streng geradeaus guckte. Schließlich konnte er sie in eine alte

Wolldecke packen und mitnehmen. Als sie dann in seinem Zimmer in der Ecke neben dem Bett lehnte, lächelte er zufrieden, und sie lächelte zurück.

»Jetzt ist es soweit« sagte er seinem Vater am Sonntag im Regen am Europahafen von schräg hinten ins Ohr, »morgen bring ich sie, gleich nach der Arbeit.«

Der Alte drehte sich zu ihm um, soweit es ging. Er war grau im Gesicht. »Gut« sagte er, »die Uhr tickt. Immer lauter.«

Sie sahen beide über das leere Wasser. Ein paar Möwen kreisten unter grauem Himmel, Wellen klatschten gegen die Bröckelmauern. Der Novemberwind brachte Sprühregen vom Westen her.

»Hier war mal alles voller Schiffe und Menschen, ein einziges Gewusel. Und heute? Aber komm du mir jetzt nicht mit deinem sentimentalen Quatsch vom Styx und so.«

Weiter hinten, hinter dem neuen grauen Großmarkt, standen backsteinrot die alten Lagerschuppen. Eine neue Straße streckte sich vom Stadtzentrum her, ein einsamer Laster rollte auf dem glänzenden Asphalt. Theo löste die Bremse am Rollstuhl und half seinem Vater ins Auto.

»Neue Kappe?«

Sein Vater nahm die Prinz-Heinrich-Mütze mit dem gestickten Anker vornedrauf in die Hand.

»Nee, ach was.«

Auf der Rückfahrt summte er vor sich hin, wurde dann leise, verstummte ganz, schien zu dösen, und als Theo vor seinem Haus anhielt, sagte er plötzlich »Hoppla.« Jocki kam aus dem Garten, holte den Rollstuhl aus dem Kofferraum und stellte ihn neben die rechte Autotür. Theo nickte ihm zu.

»Bis morgen, Vaddern«, sagte er und winkte, »freu dich man schon.«

In der Nacht regnete es wie verrückt, und als Theo mit der in Noppenplastik eingewickelten Galionsfigur am Montagmorgen ankam, stand der flache Graben, den Jocki vor ein paar Monaten rund ums Haus ausgehoben hatte, voller Wasser. Die Holzfigur hatte einen schweren Sockel verpasst bekommen und war frisch und wasserfest in rot und weiß. Theo hatte seine letzten Reserven lockergemacht und Ilka hatte noch was dazugegeben. Theo hob sie von der hinteren Sitzbank und trug sie nach vorn in den Garten, da, wo die beiden Zaunseiten fast wie ein Schiffsgeländer zusammenliefen. Sie war eine dralle Deern aus Eschenholz und ganz schön schwer, und er schwitzte. Er stellte sie in den spitzen Winkel. Wenn sich auch kein Klüverbaum über ihr erhob, konnte man doch an einen Schiffsbug denken, wenn man sie ansah. Er ging ums Häuschen herum und klingelte. Jocki machte die Tür auf, er hatte Tränen in den Augen.

»Hallo Theo«, sagte er, »was macht das Taxi?«

Sie gingen zusammen zur Figur am Gartenende.

»Schön«, sagte Jocki, »die hätte er bestimmt toll gefunden.«

Der schwarze Schwan

Karl-Uwe, 45, Lehrer, fand das Küken früh am Morgen in der Küche neben dem Kühlschrank, wie es verlassen und unverdrossen über den Steinfußboden tickerte. Es sah aus wie ein winziges Entchen, aber ein bisschen auch wie ein winziges Huhn, und es war ganz schwarz. Karl-Uwe suchte nicht nach Spuren der Eltern oder einem Nest, er füllte einen Tonuntersatz mit Wasser und stellte ihn unter das Spülbecken. Putzig, wie so ein Vögelchen trank. Er hatte auch noch Meisenfutter vom Winter in einer Schublade.

Als er am selben Tag aus der Schule kam, hörte er seine Freundin Dörte auf dem Anrufbeantworter, die ihm mitteilte, dass sie ab sofort seine Ex-Freundin war. Ex. Hörte sich an wie Unkraut-Ex. Das Küken rumorte zwischen den Zeitungsstapeln, die sich im Flur angesammelt hatten. Karl-Uwe wischte sich eine Träne von der Backe und formulierte im Kopf vor, was er seiner Ex-Freundin Dörte über seinen soeben eingetretenen Zustand sagen könnte. Ich fühle mich wie ein sterbender Schwan, könnte er sagen, gleich singe ich meine letzten Flötentöne. Nein, das war abgeschmackt. Besser und größer wäre dies: Ich falle durch den Raum wie ein stürzender Stern, ich bin ein grenzenloses Feuerwerk, eine Schleppe von Leuchtkäfern schleift hinter mir her, ich schlage ein interstellares Pfauenrad so weit wie die Milchstraße, während ich dem Rand des Universums entgegenrase als heißgelaufener Wiedergängerplanet, ich will durch die Gassen der Galaxie schäumen wie eine Gischtwolke aus Licht und mich abgründig verausgaben. Und dann als Nachsatz: Weil jetzt ja mit uns alles dunkel ist und zu Ende, kann ich auch gleich mit verlöschen.

Das hast du schön vorgetragen, würde Dörte wahrscheinlich sagen, und wie geht es dir wirklich damit? Wer so kraftvoll redet wie du hat noch Boden unter den Füßen, könnte sie sagen, wirklich eindrucksvoll, Karl-Uwe, deine weiträumigen Sexträume. Wann sehen wir uns? Nein, das alles würde sie nicht sagen, denn sie hatte sich ja von ihm getrennt.

Am Nachmittag skizzierte er am Schreibtisch die Unterrichtsstunden des nächsten Tages, und dann stand er am Fenster und sah in den Regen, das Handy abgeschaltet in der Hand. Nicht wie ein Stern, dachte er, eher wie ein weit aufgeblasener Nebel bin ich, zerfasert, zerfleddert, zerstreut, zermatscht, sie hat mir Muskeln und Knochen herausgekocht, jetzt bin ich ohne Wenn und Aber. Gewiss, da war sein Herz, da waren seine Hände, seine Schultern, seine Füße und so weiter, aber standen sie ihm zur Verfügung? Waren sie jetzt nicht nur einfach da, ohne sich um ihn zu kümmern? Du zerfließt in Selbstmitleid, sagte er laut in das Handy und hielt es sich ans Ohr. Es blieb stumm.

Abendessen vorm Fernseher. Die Tagesschau mit den Schrecken der Welt. Er trat wieder ans offene Fenster. »Ich gebe nicht auf«, rief er trotzig schallend über den Innenhof hin, »ich muss einen Handschuh erfinden, der mir den Weg zeigt, ab morgen werfe ich faule Kompromisse auf den Kompost. Aber heute gehe ich in den Regen hinaus und bestehe auf meinem eigenen Abend.« Er schloss das Fenster.

Im Esperanto setzte er sich an die Theke zu den stummen Männern.
»Ein großes vom Fass, bitte.«
Immerhin das, er trank.
»Mit Werder geht's den Bach runter« sagte sein linker Nachbar.
»Du bist ja ganz schön nass geworden« sagte der zur rechten.
Karl-Uwe nickte zweimal.

Am Sonntagmorgen nach Kaffee und Müsli konnte er wieder sprechen.

»Mir geht es im Augenblick nicht so gut, Mutter, ich kann nicht mitkommen.«

Er hörte, wie sie an ihrer Zigarette zog.

»Und was ist es diesmal?«

»Es ist schwer zu beschreiben. Ich fühle mich so ungenau und verschwommen, verstehst du, nicht voll auf dem Damm.«

Noch ein Bild, um seinen Zustand zu beschreiben. Er mochte diesen Ausdruck, nicht voll auf dem Damm, als wäre man eine Lokomotive, die vom Eisenbahndamm ein bisschen abgerutscht ist. Nun ja, so war es ja auch, oder nicht?

»Das kommt mir bekannt vor. Das hat dein Vater selig auch immer gesagt, wenn er zu irgendetwas keine Lust hatte. Bis zuletzt hat er das gesagt. Und dann ist er gestorben. Da hatte er zum Leben keine Lust mehr.«

Er hörte ihr bitteres Lachen.

»Und nicht zu mir. Ja, dann ist er gestorben, der Feigling. Aber nicht, weil er nicht ganz auf dem Damm war, sondern weil er sich totgesoffen hat. Untersteh dich, das ist kein elegantes Ende. Also du willst nicht mit nach London?«

»Nein, Mutter, ich fühle mich dazu nicht in der Lage.«

»Armer Kerl. Irgendwas fehlt dir immer. Oder irgendjemand. Na macht nichts, ich kann ja das Ticket zurückgeben.«

Sie legte auf, unvermittelt wie sonst auch.

Er tippte Dörtes Nummer ein. Er hörte, wie sie abnahm.

»Das mit dem brennenden Stern war nicht so ernst gemeint, Dörte, tschuldige, ich fühl mich …«

»Was? Wovon redest du?«

Er schlug sich die Hand vor den Mund, als ob ihn jemand sehen könnte.

»Wenn man sich so kernlos fühlt, so verteilt, was kann man da machen?«

Dörte lachte.

»Wieder mal, Karl-Uwe? Und sicher nicht zufällig heute am Sonntag, da hat man ja Zeit für solche Gefühle. Aber es wird dir nichts nützen.«

»Ich mein es ernst.«

»Ich auch. Hör zu. Weil ja jetzt zwischen uns alles aus ist: Beim Computer gibt es so eine Funktion, da stellt man das ganze System zurück. Notier dir das mal. Du gehst über Start und Programme zu Zubehör und dann Systemprogramme, und da klickst du Systemwiederherstellung an. Verstehst du, das rettet einiges, wenn alles andere verfliegt. Man gibt ein, das alles so sein soll wie sagen wir vor zwei Jahren. Dann schwupps ist alles zurückgestellt und man kann da wieder anfangen.«

»Und das, was man in den zwei Jahren gespeichert hat, ist weg?«

Sie überlegte.

»Das weiß ich jetzt gar nicht. Vielleicht ja auch nicht. Waren es zwei Jahre? Ist das lang oder kurz? Doch, das ist weg.«

»Und warum erzählst du mir das alles?«

»Na ja, vielleicht kann man das ja auch mit sich selbst machen. Zurückgehen. Eventuell bis zur Jugend.«

Das war eine Idee. Er machte den Mund auf, um sich zu bedanken.

»Sorry, Karl-Uwe, ich muss jetzt mal weitermachen. Viel Glück. Und was war das mit dem brennenden Stern?«

Nach wenigen Stunden Schlaf bestieg er an seinem freien Montag den durchgehenden Zug nach Dresden und fuhr von dort mit dem Bus nach Radebeul. Das Taxi brachte ihn dann zur Villa Shatterhand. Der vertraute Name war beruhigend. Das Gebäude war so real wie die Frau an der Kasse. Dieses Museum war Teil seiner Jugend, auch wenn er noch nie hier gestanden hatte. Fand man so heraus, wie man zu dem geworden war, was man jetzt war? Als er durch die behäbigen Räume schritt, kam die Erinnerung. Er erinnerte sich an die weiten welligen Graslandschaften, die Prärie hießen, an endlose Himmel in aufregenden Färbungen, er erinnerte sich an einen Winnetou, der ans Herz rührte, und einen Helden, der einem mit einem Faustschlag das Kinn brechen konnte. Auch die Apachen und Sioux aus den Büchern waren da, selbst wenn sie hier wie Schaufensterpuppen aussahen. Karl Mays Arbeitszimmer durfte man nicht betreten, nur hineinsehen konnte man. Sofas, Sessel, Flughafenkunst aus fernen Ländern. Als May auf dem Höhepunkt seiner Beliebtheit und seines Einkommens gewesen war, hatte er angefangen, wie durch ein unsichtbares Tor in den von ihm erfundenen Kosmos einzumarschieren. Er sei tatsächlich Old Shatterhand, er habe die Silberbüchse und den Henry-Stutzen in Amerika erworben, er sei Kara Ben Nemsi und durch den wilden Balkan geritten, und so weiter. Karl-Uwe hielt inne. Nein, alles war gut so. Er fühlte sich befreit, keine wirbelnde Welt, die sich aufdrängte, keine unvorhersehbaren Verlassenheiten. Hier war reine Vergangenheit. Stillstand. Gefrorene Jugend voll Wärme. Unzerstörbar. Hier öffnete sich eine Landschaft der Ordnung, in der alles seinen Platz hatte, auch er. Nur er. Er war ein eindeutiger und gefestigter Bewunderer gewesen, aus einem Stück mit festem Kern. Dahin wollte er zurück. Das hatte Dörte doch gemeint. Da wollte er wieder anfangen.

Er trat durch die knarrende Tür ins Freie und blinzelte mit den Augen in die helle Sonne. Da sah er sie. Sie lehnte mit der Hüfte am Geländer und rauchte eine Zigarette. Ihre Beine stiegen aus Sandalen in verwaschenen Jeans hoch und immer höher bis zu einem breiten Gürtel mit Silberschnalle. Unter der geöffneten Parka sah er das weiße T-Shirt unter der rotkarierten Bluse. Passte dazu das große schwarzweiße Halstuch mit den Troddeln unter der schwarzen Baskenmütze mit dem roten Stern vorn dran?

»Du bist doch Karl-Uwe« sagte sie als hätte sie ihn erwartet.
»Tschuldigung, ich muss jetzt zum Bus.«
Sie machte einen letzten Zug und ließ die Kippe fallen.
»Ich bring dich noch, okay?«
Karl-Uwe war noch in der rollenden Prärie, er hörte den schwarzen Hengst wiehern und wusste, dass er die Verabredung

mit Winnetou bei den Three Tetons nicht einhalten konnte. Er zuckte mit den Schultern.

»Warum nicht, auch wenn du nicht Nscho-tschi bist. Kennen wir uns?«

Sie lachte und hakte sich bei ihm unter.

»Allerdings, mein Lieber, schon sehr lange. Das heißt, wir kannten uns mal, als wir beide klein waren. Du kannst dich nicht erinnern? Versuch's mal. Du darfst mich auch anstarren dabei.«

Er verließ das Indianerland und starrte. Wie weit musste er zurückgehen? Wahrscheinlich bis zur Grundschule. Elke? Ihre Eltern waren mit seinen befreundet, aber sie war blond, damals jedenfalls. Die kleine wilde Thea, die in seiner Straße wohnte und die ihm das Rollerfahren beigebracht hatte, so geschickt, dass er sich beide Knie aufschürfte? Mehr Mädchen fielen ihm nicht ein.

Sie lächelte wissend.

Sie kamen jetzt auf die große Straße, die zum Busbahnhof führte.

»Da drüben ist ein Eissalon, da kriegen wir was.«

Was wollte sie von ihm? Als sie saßen und sie sich zum Kellner umdrehte, sah er, dass vom Rücken her schwarze Flügel aus dem T-Shirt herauswuchsen bis an den Haaransatz.

»Sieht gut aus, deine Tätowierung« sagte er, »was ist das?«

Der Kaffee kam.

»Und woher weißt du meinen Namen?«

»Du kannst dich wirklich nicht erinnern? Ich fand dich damals richtig süß, aber du hast mich überhaupt nicht beachtet. Du bist immer nur mit den Jungs rumgelaufen. Ihr hattet doch so eine Gang, oder? Habt ihr nicht Altmetall geklaut und verscheuert?«

Er merkte, wie er ins Schweben kam. Altmetall? Das war doch sein Vater gewesen, gleich nach dem Krieg. Er selbst und seine Freunde hatten Vorderräder von abgestellten Fahrrädern abmontiert und für ein oder zwei Mark verhökert und sein Vater hatte ihm den Hintern versohlt, als er das rauskriegte.

Er musste etwas sagen.

»Was bedeutet der Stern auf deiner Mütze? Che forever? Irgendwie passé, oder?«

Sie lächelte, trank einen Schluck, schüttelte eine Zigarette aus der Packung, drehte sich zum Kellner um, der hinter der Theke Tassen klappernd einsortierte, hielt die Zigarette hoch, er nickte, sie klappte ein Feuerzeug auf und gab sich Feuer.

»Ist das nicht ein Zippo?«

Sie nickte und stand auf.

Er guckte gerade aus dem Fenster, als sie ihre schwarzen Flügel ausfuhr und davonflog. Schnell wurde sie immer kleiner. Als er wieder in Bremen war, hätte er schwören mögen, dass er gesehen hatte, wie sie davongeflogen war. Auf jeden Fall füllte er Wasser in die Tonschale und streute dem Küken Körner vor den Kühlschrank. Putzig, wie so ein Tierchen pickte und das Linoleum zerkratzte. Dann fielen wieder die Schrecken über ihn her. Dörte weg. Die Klimakatastrophe. Die reicher werdenden Reichen. Die kalte Schulter, die die Regierung den ärmer werdenden Armen zeigte. Der Krieg in Syrien. Die Abholzungen im Amazonasgebiet. Der Brexit. Die Unterdrückung der Uiguren. Wie konnte einer das aushalten?

»Wie soll einer sie aushalten«, fragte er seine Schüler am nächsten Vormittag, ohne eine Antwort zu erwarten, »die Schrecken der Welt? Nun haben Menschen immer versucht, sie abzufedern, indem sie sie in Gedanken vorwegnahmen, indem sie die Zukunft vorhersagten. Nicht nur Astrologen, Kassandren, Kartenleser und Berufsschamanen, sondern auch Wissenschaftler. Konnte das jemals klappen? Kann das klappen? In der Ökonomie haben die Weisen und Wissenden sich in ihren Vorhersagen immer wieder geirrt, ein bisschen, ein bisschen mehr oder auch völlig. Nun hat ein Professor Taleb in den USA den Grund dafür gefunden. Es gibt, sagt er, Unvorhersehbares, zum Beispiel Tsunamis, Erdbeben, Staatspleiten oder Flugzeuge, die wie Bomben in Wolkenkratzer hineingesteuert werden, die den regulären Lauf der Dinge durchkreuzen und verwirren. Für sie hat Taleb ein schönes Bild gefunden: er nennt sie Schwarze Schwäne. Schwarze Schwäne bringen alle wirtschaftswissenschaftlichen Annahmen und Berechnungen durcheinander, sie machen, könnte man sagen, die Zukunft unsicher.« Karl-Uwe hatte sich um die Wiwi-Stunden nicht beworben, die Schulleitung in ihrer Not hatte sie ihm aufgedrückt.

Er würde Dörte diese Theorie vortragen, und sie könnte sagen: Weißt du, das passt ja auch blendend auf Beziehungen, unsere zum Beispiel. Und er: Willst du nicht noch einmal alles überdenken? Und sie: Hättest du vor zwei Jahren voraussehen können, dass wir uns unter den Händen zerfallen? Lass uns von wichtigeren Dingen reden, sagte Karl-Uwe, ich probiere gerade Wörter mit K: Kaleidoskop, Kaffee, Kaos, aber was herauskommt, ist wieder nur eine Katastrophe. Sie würde ihr kleines hämisches Lachen lachen und sagen: Ruf mich an, sobald du wieder auf dem Damm bist. Schon wieder der Damm, dachte er, das ist doch auch kein Zufall. Ob sich seine Mutter in London wohlfühlte? Seine Gedanken wanderten zu der Frau vor dem Museum in Radebeul. Er hörte Eric Clapton in sein Ohr singen: Next time you see her tell her that I love her. Wieso Liebe? Er wusste ja nicht einmal wie sie hieß. Aber er fühlte sich schon besser.

Später am Abend im Esperanto setzte er sich an die Theke zu den stummen Männern.

»Ein großes vom Fass, bitte.«

Er nahm einen Schluck.

»Mir ist ein Küken zugelaufen«, sagte er zu seinem rechten Nachbarn, »ein schwarzes.«

Der nickte.

»Es ist aber kein Schwan.«

Der Mann sah kurz auf. »Echt jetzt? Na dann ist ja alles in Butter.«

»Eigentlich schon« sagte Karl-Uwe und drehte das Glas in der Hand.

Es war noch früh, als er sich auf den Weg zur Schule machte. Er zog gerade seine Wohnungstür zu, da stand sie da, die Flügel versteckt. Sie trug eine rote Baseballkappe, einen roten Anorak, Jeans und weiße Joggingschuhe. Auf ihrer ausgestreckten Hand saß das Küken.

»Da wird nie ein Schwan draus« sagte sie, »nicht mal ein Teichhuhn.«

Karl-Uwe stand stumm und sah sie an.

»Woher hast du meine Adresse« sagte er.

»Das war einfach. Ich hab dich in einem Traum dreimal rufen hören, da bin ich nach meinem GPS geflogen.«

Karl-Uwe lächelte zum ersten Mal seit langer Zeit. Er schloss die Wohnungstür auf.

»Da ist auch noch ein bisschen Vogelfutter in der Tüte« sagte er, »in der Küche neben der Kaffeemaschine.«

Hamlet zwischen den Gleisen

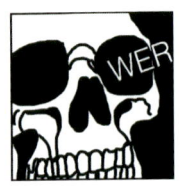

war denn nur auf die abgründige Idee gekommen, Hamlet als Heizer auf einer Dampflok spielen zu lassen? Sollte er da wirklich mitmachen? Der Zug, das sei das Schicksal, gegen das keiner kann, war gesagt worden. Hamlet rolle verstrickt durch das Doppelreich England und Dänemark, sein Reparaturschuppen verstecke sich in den grauen Mauern von Helsingör. Der Vater Hamlets, so wollte es der alte Regisseur in seiner blinden Lust, noch einmal jung und wild zu sein, war mit Absicht überfahren worden von dem Lokführer, der sein Bruder war und der nach ihm König wurde. Er führte den Zug, er kontrollierte den Fahrplan, er kassierte den Wegzoll, der an jeder Schranke zu entrichten war, und bestieg auf langen geraden Strecken hinten im Coupéwagen die Königin, deren Gatten, seinen Bruder, er ermordet hatte, während vorn der Heizer Kohlen schaufelte, um den Zug vor Stillstand zu bewahren, Schaufel um Schaufel, mit glühendem Gesicht, heiß und schweißig von der Kohlenglut und der Verpflichtung, seinen Vater zu rächen.

Das ist doch Wahnsinn, dachte Gerhard, oder auch nur sich anbiedernder Quatsch, und sollte er wirklich zustimmen, Yoricks Schädel in einem Abteil erster Klasse von der Hutablage zu greifen? Verspräche es tatsächlich ästhetischen Gewinn, wenn er die Gefechte mit Laertes und andern Höflingen auf akrobatische Weise durch Waggonfenster kletternd absolvierte? Würde er die Rolle etwa nur übernehmen, um an die Rampe treten zu dürfen für das große Sein-oder-Nichtsein, das in einen Eisenbahnmonolog umzuschreiben wäre? Dem Regisseur traute er eine Neufassung wie Pünktlich sein oder nicht sein zu, aber die wäre eine Katastrophe, die er unbedingt verhindern müsste.

Er sollte aussteigen.

Und dieses Sätzchen gemäßigten Doppelsinns erfreute ihn so, dass er beschloss, dieses absurde Hamletprojekt mit auf die Schiene zu setzen. Obgleich er als Hamlet ja eigentlich der Zaudernde zu sein hätte, der Melancholiker, der seiner geliebten, dekorativ uniformierten Zugbegleiterin Ophelia Wahnsinn vorgaukelte, weil er in den unübersichtlichen Verhältnissen verfangen zwischen Haltesignalen und unbewachten Bahnübergängen und zudem mit der schweren Kohleschaufel in der Hand nicht die korrekten Weichenstellungen herbeiführen konnte. Oder sollte er besser dem Schienengewirr, dem ganzen eisenbahnerischen Unsinn, eine Abfuhr erteilen, damit allerdings auch seinem Auftritt samt diesem ersten ersehnten, beängstigend erregenden Adrenalinschub der Premiere entsagen?

Der Moment, wo einer auf die Bühne tritt. Er steht da, getrennt vom Publikum durch seine Angst, es könnte schiefgehen. Seine Angst, er könnte den Text vergessen. Was ist Theater, sagte er sich wieder vor, Theater ist, wenn einer durch einen leeren Raum geht und ein anderer guckt zu. In diesem Satz war nicht die Rede von Rampenlicht, von der blendenden Helle in den Augen, nicht davon, dass man von oben niemanden unten im Zuschauerraum mehr sehen konnte. Nur hören konnte man, die Bewegungen der Füße, das Aneinanderreiben von Stoffbahnen, von Strümpfen, von Ärmeln, die über Schenkel streiften, man hörte das leise Hüsteln, oder auch nur das tiefe Atmen, das Schnauben feuriger Nüstern, Pferde wurden gesattelt, man war bereit auszureiten, nein, dies war ein ganz falsches Bild, noch mal: das tiefe Atmen, das Schnauben und Schnäuzen in Taschentücher. Und man ahnte, man fühlte, man spürte die Anwesenheiten im Parkett und auf den Rängen, die Wärme der in Sitze gefalteten Körper stieg hoch zur Rampe, gelangweilte Gesichter blickten auf die Bühne in der vagen Erwartung, weiter gelangweilt zu werden, wenn die Gaukler dieselben Tricks ausführten wie immer: Handstand auf dem Ringfinger der linken Hand; Jonglage mit sieben brennenden Fackeln; ein weißer Porzellanteller, der auf einem Stab kreiste, während der Künstler mit der andern Hand einen rot-grün gefiederten Kakadu aus seinem Zylinder lockte. Aber nein, wieder falsch, das war Zirkus.

Theater ist: Ein Mensch geht durch einen leeren Raum, andere sehen zu. Und dann kommt der Augenblick aller Augenblicke, diese unverwechselbare Schnittstelle zwischen der jüngsten Vergangenheit hinter der Bühne, in der Garderobe, beim Auflegen der Grundierung und der weißen, schwarzen, roten und fleischfarbenen Schminke, beim Anlegen des albernen Kostüms, nicht eines dänischen Prinzen, sondern eines Heizers mit Dienstmütze und Kohleschaufel, und der unmittelbaren Zukunft, die das Stück war, das Erlebnis, das für das Publikum vorbereitet wurde, der eigene Auftritt: dieser brennende Moment zwischen den Zeiten, wenn der Vorhang sich öffnet.

Da stand Gerhard nun zwischen den Bahnsteigen 3 und 5, dachte an Harry Potter, der im ersten Band das Gleis 9 ¾ finden musste und tatsächlich auch fand, und auch er wusste noch nicht, wohin die Reise gehen sollte. Auf Gleis 5 stand der IC, der ihn über Hannover nach Berlin bringen könnte, zu Gisela in Charlottenburg, zu ihrer riesigen Wohnung mit Blick auf Weichen und Signale, zu einem weiteren Wochenende in altbackenen Kneipen und auf ihrem Wasserbett. Von Gleis 3 hingegen würde er nach Vegesack fahren, zu seiner Theatertruppe, zur ersten Vorbesprechung, dann irgendwann zu heiteren Eisenbahndiskussionen nach der Probe, zu Kneipe und später Rückfahrt, wenn nicht das Unerhörte geschähe und Ophelia ihn erhörte, bevor sie den Bach runterging, oder nein, auf die Gleise stürzte, wohin sein Wahnsinn sie schubsen würde.

Er hatte genau vier Minuten, um sich zu entscheiden, und es ging nicht um eine Kleinigkeit, sondern um eine Art miniaturisierter Lebensplanung. Keine der beiden möglichen Versionen würde seine Existenz als freier Schildermaler in ihrem Wesen berühren, jedenfalls nicht auf lange Sicht und Wartezeit, aber immerhin, aber immerhin. Er wusste, dass vier Minuten nur ein Lidschlag waren in der ausgedehnten Zeit des Lebens, und dass das Leben wiederum, vielleicht achtzig Jahre während, nur ein Tropfen auf dem heißen Stein der Ewigkeit, nein, falsches Bild, nur ein verwehender Moment in der stürmischen Geschichte der Menschheit sein konnte. Ihm trat aber gleichzeitig die bedrohliche Tatsache vor Augen, dass dieselben vier Minuten, dass diese kurze Zeit sich zu lastender Länge dehnen und er in ihr über Ozeane gejagt oder durch Wüsten getrieben werden könnte, deren Sand gleichmäßig durch die Sanduhr rann. Die Welt als rieselnde Düne, der Kosmos in einer Nussschale. Wie viele Engel können gleichzeitig auf einer Nadelspitze Platz finden? Wie kam ein Mensch wie er zu einer Entscheidung?

Der wiederkehrende Wunsch, das Bewusstsein wegzusperren, um zu verschmelzen mit dem Fluss der Zeit und dem geliebten Körper, einzugehen in den Augenblick, während der sich ausbreitete wie eine orientfarbene Seifenblase, diese Sehnsucht heftete sich für Gerhard an das Wasserbett, das in Berlin stand. Wie Gisela und er sich für ihr ganz privates Bühnenspiel vorbereiteten, in diesem einen Augenblick, da er sie auszog, während sie ihn auszog, Haut und Herzschlag ohne Rampenlicht und nur mit sich selbst als Publikum, wie sie an den Teichrand traten, den weichen Matratzenstrand. Es freit ein wilder Wassermann, eine Insel schwimmt zwischen Seerosen, und sie springen von Blatt zu Blatt, vorbei an tanzenden Fröschen und Libellen. Gerhard lächelte gequält. Würde es so sein: Er schlägt sein schönstes Rad als nasser Pfau zwischen glänzenden Wasserwesen? Nein, falsches Bild, er wird zum großen Pan im Schilfrohr, zum ekstatischen Paarhufer mit seinem Gefolge von Nymphen und Satyrn, der, auf einem fellbezogenen Bein balancierend, Flöte spielt und Gisela zum Tanzen bringt auf den Wellenkämmen, bevor sie sich beide auf ihre Insel zurückziehen zur panischen Stunde im Rauschen der Zeit. Gerhard atmete tief durch. Also Gleis 5. Er zählte seine Schritte. Auf der andern Seite der Tunnelröhre, der Blick unterbrochen von Menschen, die in beide Richtungen eilten, sah er die Brötchen- und Kuchenauslage, ein Stück weiter gab es Presse und Bücher, und gleich nebenan lockte das WC-Center und zockte Leute ab, die pinkeln mussten. Noch zweieinhalb Minuten.

Die beiden Aufgänge zu den Gleisen lagen achtundzwanzig Schritte auseinander. In der ersten Minute war er schon zwölf Mal hin- und her getigert, in der verbleibenden Entscheidungszeit konnte er ungefähr elfhundertfünfzig Schritte absolvieren. Nein, er konnte nicht.

»Ich habe meine Fahrkarte verloren und muss heute noch nach Hannover, da wartet meine Familie, die Fahrkarte kostet sechzehnneunzig, können Sie mir aushelfen?«

Der Mann trug einen graubeigen Staubmantel, geputzte Schuhe und war rasiert.

»Diese Geschichte hab ich schon mal gehört«, sagte Gerhard friedfertig und gab dem Mann zwei Euro, »erfreuen Sie mich doch das nächste Mal mit mehr Originalität.«

Der Mann nahm das Geld und sah ihn böse an.

»Sie glauben mir nicht?«

Gerhard zuckte mit den Schultern.

»Und eine originelle Geschichte wollen sie auch noch, alles für zwei Euro? Bin ich Shakespeare oder was?«

»Wohl eher nicht«, lächelte Gerhard, »nun passen Sie auf, dass Sie Ihren Zug kriegen.«

»Keine Sorge, da fahren noch weitere. Außerdem hab ich das Geld noch nicht zusammen.«

»Fahren Sie doch als Heizer«, sagte Gerhard, »schubsen Sie den Lokführer aus seinem Häuschen und reiben Sie sich die Hände warm über dem Loch voller glühender Kohlen. Sie läuten und pfeifen und vor allem setzen sie Ihre Dienstmütze auf, dann läuft das schon, ich kenne mich da aus.«

Der Mann sah ihn dankbar an.

»Gucken Sie mal«, sagte er und zog etwas hinter seinem Rücken hervor, »die Schaufel hab ich schon. Von welchem Gleis soll ich denn abfahren?«

Gerhard setzte zu einer Antwort an, aber dann hatte ihn seine Zeit zurück.

»Wenn ich das wüsste« murmelte er, »es sollte verboten sein, sich so entscheiden zu müssen.«

Schon seit er denken konnte fürchtete Gerhard die Unentschiedenheit der Zeit. Die ungefüllte Zeit. Lebensspannen, gerade ganz kurze, in denen sich kein Wunsch erfüllte, die die Hoffnung auf unklaren Schienen ins Unbestimmte laufen ließen, Dampfwolken ausstoßend wie eine Museumslok, und ihm fiel das Bild von Magritte ein, auf dem von unten rechts eine Dampflokomotive ins Bild fährt, und ganz oben, über einem großen leeren Raum, breitet sich die Dampfwolke aus in immer dichterer Textur, so dass sie mühelos und in theologischer Festigkeit den Herrn der Welt, der etwas eingeknickt auf seinem Sessel sitzt, tragen kann. Zwischen der Lok und dem bärtigen Herrn auf dem Sessel wogt die Leere, und zwischen Hamlet dem Heizer mit Dienstmütze und seinem toten Vater, dem König in Brünne und Helm frühmorgens auf den Burgzinnen, öffnete sich ein unüberbrückbarer Abgrund. Gerhard seufzte. Füllte er hier im Hin und Her zwischen den Gleisen 3 und 5 die Minuten mit Schritten statt mit der notwendigen Entscheidung, damit sie nicht zu einem ziemlich langen, aber bedeutungslosen Augenblick wurden, der nur durch sein Ende definiert wäre? Da fühlte er sein Handy summen in der Hosentasche.

Gisela simste:

»Bin ab sechs zu Hause. Kommst du?«

Es rüttelte Gerhard durch. Sie wünschte sich ihn, das könnte doch schon den Ausschlag geben. Keith Jarrett, drängte sich als eine dünne Erinnerung in den Vordergrund, bestand darauf, dass er vor Beginn seiner großen Jazzimprovisationen partout nicht wusste, was er spielen würde. Giselas Wasserbett als Improbühne. Der dramatische Moment des Anfangs. All the world's a stage, and we're but players in it. Das war nicht Hamlet, aber immerhin Shakespeare. Liebestheater, Hamlet als Ein-Heizer, heiße Kühlung auf den Wellen des Schlafzimmers, glutglühende Gesichter, Ophelia darf nicht sterben. 3 oder 5?

Gerhard rannte zum Kasten mit dem gelben Fahrplan. Der sollte Entscheidungshelfer sein. Die Zeit verdichtete sich. Eine große schwere Frau schob sich vor ihn, schlug mit einem Hämmerchen die Glasscheibe ein und zerrte das gelbe Papier heraus.

»Alles Lügen« kreischte sie, »nichts kommt, wie es kommen soll, nur Entgleisungen.«

Schnell bildete sich ein Kreis von Zuschauern.

»Genau«, rief einer, er trug eine Prinz-Heinrich-Mütze mit aufgestickter Dampflok: »Haut 'ne Schneise durch die Gleise.«

Die Frau wollte sich ihren Auftritt nicht nehmen lassen, sie tanzte einen Pasodoble und zerriss das Papier in kleine Schnipsel. Eine Dampfwolke stieg aus dem Boden und trug sie hoch zu den Bahnsteigen.

»Sie bringen meine ganze Lebensplanung durcheinander« sagte Gerhard, »finden Sie das korrekt?«

Sie sank wieder herunter und blieb tief atmend vor ihm stehen. Es war ihm unmöglich, ihr in beide Augen gleichzeitig zu sehen, eines braun, das andere blau.

»Sie müssen sich zwischen Improvisation und Fahrplantreue entscheiden«, lächelte sie mit schwarzen Zähnen.

Aber ich will mich eigentlich gar nicht entscheiden, dachte Gerhard. Sein Handy summte.

»Ich freu mich auf Dich. Gisela« las er.

Gerhard blinzelt. Dies ist fast schon der Moment. Noch ist alles dunkel. Sachte schleift der Vorhangstoff über den Boden. Langsam wird der erste Spot hochgefahren. Gerhard steht stumm und ohne Regung. Das Publikum atmet. Der Lichtstrahl schält eine dampfende Lokomotive aus dem schattigen Bühnenraum. Gerhard klettert hinauf und verliert dabei seine Dienstmütze. Oben liegt ein alter Ritter in voller Rüstung auf einer blauen Matratze. Gisela steht vor dem Schornstein als lockende Galionsfigur, sie lässt ihr Handy klingeln. »Abfahren«, ruft sie, »ahoi«. Hamlet schaufelt Kohle in das Feuerloch, aber das Signal steht noch auf Halt. Auch Lokomotiven müssen manchmal warten, und er ist nur der Heizer. Der braucht dafür auch keine Fahrkarte.

Es durchzuckte ihn. Er riss die Augen auf. Wo war seine Fahrkarte? Hatte er die richtige? Es waren doch zwei ganz verschiedene Züge. Aber jetzt konnte er nicht mehr zurück zu den Automaten.

»Verzeihung«, sagte er mitten im Strom der Tunnelgänger, »entschuldigen Sie, wenn ich Sie so am Ärmel festhalte. Sie müssen verstehen, ich bin in diesem Augenblick gefangen zwischen den Gleisen 3 und 5. Von welchem soll ich abfahren?«

Der alte Mann im grünen Frack sah ihn freundlich an. »Fahren Sie zum Teufel«, sagte er und ging durch den Tunnel davon. Sein linker Fuß, sah Gerhard, sah aus wie ein Huf und schlug Funken aus den steinernen Bodenplatten.

Im Schwerefeld des Mondes

Ihren Hund nannte sie Mondmann, ihre Katze Frau Luna, die Guppies im Aquarium waren für sie Mondstaub, im Regal standen Erzählungen von Mondfahrten neben Gedichtbändchen und Taschenbüchern über Astronomie. Die Wände ihrer kleinen Wohnung hingen voller Mondbilder.

»Du bist ja vollkommen bekloppt« hatte Randolf ihr oft gesagt, »all dieser Kram. Ein Mond ist ein Mond ist ein Mond, das ist alles, ey.«

»Ja« sagte Gina dann immer, »aber was soll ich machen, ich bin eben mondsüchtig.«

Seit ihrer Kindheit hatte sie den Mond zu ihrem dauernden Begleiter erhoben. Sie stellte sich vor, er umkreise sie wie er auch die Erde umkreise, und sende seine Strahlen vor allem zu ihr. Die schützten sie vor den Mächten der Finsternis, vor Wölfen und Vampiren, auf ihnen könnte sie aber in dunklen Stunden auch zu ihm hinauf gleiten, vielleicht nicht in einem Kinderbett auf Rädern, wie ein Märchen das erzählte, sondern eleganter und schneller auf ihren Inlinern.

Jetzt stand sie in der Küche und starrte auf ihr Lieblingsbild: Caspar David Friedrich, Mann und Frau den Mond betrachtend, 1832. Das Paar im Dunkel unter Bäumen, der Mond hell weit hinten, eingerahmt vom Blau und Grau des nächtlichen Himmels, davor fast schwarz im Gegenlicht Äste eines Baumes, vielleicht eine Kiefer, Äste, die wie enttäuschte Krallen in die Helligkeit des Hintergrunds ragten. Randolf hatte ihr den Druck geschenkt, nach einer verzauberten Mondnacht. Mit Tränen in den Augen riss sie es samt Rahmen von der Wand, so heftig, dass der Haken aus dem Mörtel brach und runterfiel.

Im Stehen las sie noch einmal Randolfs kurzen Brief, in dem er ihr die Liebe aufkündigte. Er nannte keine Gründe und endete mit

»Lass uns über alles reden, dann wirst du mich verstehen.« Sie war doch nicht schwachsinnig, sie hatte die Zeichen der letzten Monate sehr wohl verstanden. Aber sich mit einem kahlen Brief zu verabschieden, hingelegt so, dass sie ihn nach ihrem Arbeitstag in der Behörde finden würde, das war feige und grausam. Sie sah auf die Uhr. Heute war Donnerstag, Randolfs Tischtennisabend, den er so gut wie nie versäumte. Jetzt gegen Ende August würde es um neun herum dunkel sein, und sie hatte noch den Schlüssel zu seiner Wohnung.

Sie zog ihre Trekkingstiefel an, klemmte sich das Mondbild unter den Arm und marschierte los. Dann stand sie in seiner Küche. Sie zerschlug den silbrigen Rahmen und das Glas über der Tischkante, zerrte das Bild heraus, zerriss es und streute die Papierflocken auf den Linoleumboden. Ihr Herz klopfte. Gut, das war erledigt. Sie dachte einen Moment nach. Sie wusste, wo er seine Tischtennissachen aufbewahrte. Es war ganz leicht, die Zelluloidmonde in ihren Dreierschachteln unter dem Absatz zu zerknacken. Sie schluchzte und rannte in sein Schlafzimmer, warf sich aufs Bett und heulte. Als keine Tränen mehr kamen, stand sie auf und sah auf die Uhr. Er müsste bald da sein. Sie riss einen gelben Post-it-Zettel vom Block und schrieb in Großbuchstaben Feigling. Den Zettel klebte sie an den Spiegel im Badezimmer. Sie ließ das Licht an, er sollte schon draußen wissen, dass sie hier gewesen war. Dann zog sie die Wohnungstür hinter sich zu und verließ das Haus. »Mensch Gina«, murmelte sie vor sich hin, »das hätte ich dir nie zugetraut.«

Es regnete, und sie kam klitschnass zu Hause an. Sie zog sich um und füllte die Kaffeemaschine. Wenn sie in der Behörde aufsteigen wollte, musste sie die Prüfung in Verwaltungs- und Steuerrecht bestehen. Sie setzte sich an den Computer und fuhr das Übungsprogramm hoch.

So kam sie durch die nächsten Wochen. Sie las die Morgenzeitung, sie scherzte mit den Kollegen, sie ging mit Gerda und Birgit ins Kino, sie kaufte Biogemüse auf dem Berliner Platz und aß zu viele ökologisch einwandfreie Kekse, sie joggte zweimal in der Woche an der Weser entlang bis zum Wehr und zurück und setzte sich an drei Abenden in der Woche vor den Computer. »Wahrscheinlich merkt man mir nichts an«, sagte sie ihrem Hund und kraulte ihn hinter den Ohren, »aber glücklich bin ich nicht.«

»Randolf fehlt mir, obgleich ich das nicht gern zugebe«, klagte sie ihrer Freundin Susanne am Telefon.

»Such dir einen andern.«

»Nee, ich bin immer noch so sauer, ich könnte jeden Mann auf den Mond schießen.«

Susanne lachte. Gina musste auch lachen.

»Ja, genau, wo ich immer hinwollte. Aber der Mond ist auch nicht mehr das Gelbe, glaub ich. Vielleicht hat auch er mich aufgegeben.«

Susanne schwieg einen Moment.

»Wenn du Trost brauchst« sagte sie dann, »lies doch ab und zu mal ein Gedicht. Goethe, Hesse und so weiter. Den Kalender hast du doch noch, oder?«

Susanne hatte ihn ihr zum letzten Weihnachtsfest geschenkt, Lyrikkalender stand in großen Buchstaben auf dem Deckel. Seitdem lag er im Schrank mit den CDs und DVDs, Gina hatte noch nicht mal darin geblättert und nur überlegt, wem sie ihn weiterschenken könnte. Aber jetzt war fast Herbst und die Zeit dafür eindeutig vorbei. Sie riffelte unschlüssig durch Wochen und Monate, hin und her, vorwärts und zurück, und blieb schließlich bei einer ersten Strophe stehen:

Einsamer nie als im August, las sie. Ja, das war gut, das linderte den Seelenschmerz, da hatte schon mal einer gefühlt und gesagt, was sie fühlte. Die zweite und dritte Zeile übersprang sie, erst die vierte gewann wieder ihre Aufmerksamkeit. Doch wo ist deiner Gärten Lust? Ja, allerdings, wo? Hinter mir leere Tage, vor mir auch, dachte sie, mit nichts als Prüfungsvorbereitungen. Sie las weiter. Die Seen hell, die Himmel weich, die Äcker rein und glänzen leise. Wie schön so ein August sein könnte. Nur nicht für sie.

Nach der Arbeit, abgekämpft und wortlos auf der Ikea-Couch mit einem Glas Rotwein in der Hand, kam ihr der Gedanke, ihre Verlassenheitstristesse mit einer Hausparty zu bekämpfen. Sie kreuzte im Kalender den übernächsten Freitag an und entwarf ein kleines Einladungsschreiben, dem sie die Zeile DOCH WO IST DEINER GÄRTEN LUST in Großbuchstaben voranstellte.

»Es klingt nach ausgelassener Feier und ein bisschen verrucht« sagte ihr Susanne am Telefon, »was für eine Fete stellst du dir denn vor?«

»Kommst du?« fragte Gina zurück.

»Ja, aber nur, wenn du mit mir und dem Kleinen Laterne läufst.«

»Abgemacht« sagte Gina und schrieb sich eine Liste der Dinge, die sie für die Feier einkaufen wollte.

Gina war gerade dabei, ihre Mondbilder von den Flurwänden zu nehmen und mit ihnen das Wohnzimmer für die Party zu dekorieren, als Randolf anrief.

»Es tut mir richtig leid«, sagte er, »ehrlich.« Und als Gina nicht antwortete: »Ich hab gehört, bei dir gibt es ein Fest, bin ich eingeladen?«

Gina wartete einen Moment, bis ihr Puls wieder langsamer wurde.

»Haben dir die zermatschten Bälle nicht gereicht? Muss ich dir noch die Scheiben einschmeißen und die Schulter ausrenken?«

Draußen prasselte es auf den Asphalt, und in ihrem Wohnzimmer saßen und standen sie in zuversichtlicher Freitagabendheiterkeit. Gina ging gefasst von einem plaudernden Grüppchen zum andern, redete ein paar Sätze, aß ein paar Bissen, trank ein paar Schlucke und war zufrieden, dass sie die dunklen Wolken mindestens für diesen Abend vertrieben hatte. Dass auch dieser lange unrasierte Amerikaner daran mitwirkte, merkte sie zuerst gar nicht. Er hieß Jeffrey, war Fotograf und lebte seit zwanzig Jahren in Deutschland. Susannes Freund hatte ihn mitgebracht. »Ein alter Studienkollege«, hatte er gesagt und gezwinkert, »er ist ein Single.« Ihm konnte sie ihre wichtigsten Bilder vorstellen, die die andern schon zur Genüge kannten und nicht mehr beachteten, den angelnden Jungen auf der Mondsichel, Maria samt Jesusknäblein auf noch einer Mondsichel, die alten schwarzweißen Zeitungsausschnitte, die zwei Astronauten zeigten, wie sie aus einem ungewöhnlichen Fahrzeug auf die Mondoberfläche traten, ihre eigenen Aquarelle mit Porträts eines pausbäckigen, zuversichtlich strahlenden Mondes, manche mit einem Männergesicht darin. Das Bild, das sie zerrissen hatte, erwähnte sie nicht.

Jeffrey bewunderte deutlich ihre kleine Sammlung. »Der Mond« sagte er, »den finde auch ich so attraktiv. Ich würde dir gern die Geschichte von meinem Großonkel William erzählen, der war nämlich oben.«

Gina stutzte einen Moment, das klang so leichthin und selbstverständlich wie man sagt: der war auch mal in Paris, aber dann zog Karl sie ins Wohnzimmer zum Tanzen.

Bald tanzten alle, und Susanne sagte: »Kann jemand den Moonwalk, jetzt wo Michael tot ist«, und alle probierten vergeblich den Moonwalk, und einer sagte »Das ist jetzt ein großer Schritt für die Menschheit«, und alle sahen zu dem Foto mit den Astronauten und lachten ein bisschen, und dann sagte eine mit vollem Mund »Mondscheinsonate« und eine andere sang falsch »Der Mond ist aufgegangen«, und einer hob sein Glas und sagte »Bei Vollmond werden wir alle zu Werwölfen«, alle lachten jetzt lauter, und einer sang, gegen die Tanzmusik aus dem Lautsprecher, »O moon of Alabama«, und einer sagte »Siehst du den Kitsch dort über Soho«, und wie alle da standen und sich anstießen und giggelten, fing Gina an zu schreien und scheuchte alle hinaus. »Ich bin bald wieder in Bremen« flüsterte Jeffrey ihr noch schnell zu, als sie auch ihn durch die Tür schob.

Den nächsten Nachmittag über hing sie am Telefon, entschuldigte sich bei ihren Freunden für das abrupte Ende der Feier und nahm Entschuldigungen für die Veralberung ihrer Mondliebhaberei entgegen. »Das ist vorbei«, sagte sie ein paar Mal, »ich muss jetzt sowieso an meine Prüfung denken.«

Es war nicht schnell vorbei. Als erstes sammelte sie die Bilder ein und verstaute sie zusammen mit den Mondbüchern hinten unten im Kleiderschrank. Einige Tage später verabredete sie sich mit Susanne zum Laternelaufen im Bürgerpark und fand sich mit einem breit grinsenden Mondgesicht in der einen Hand und dem kleinen Sohn ihrer Freundin an der anderen. Sie fühlte, wie sprachlose Sehnsucht in ihr aufstieg.

»Nein, nein, ich will das nicht mehr«, murmelte sie vor sich hin, und als Susanne sie besorgt ansah: »Hör einfach nicht auf mich, ich krieg das schon hin, ich hab ihn schon fast vergessen.«

Sie gab ihren Tieren neue Namen, lernte fleißig, und zum ersten Advent stach sie ohne Herzrasen aus Kuchenteig Sterne und

Halbmonde aus. Ich bin endlich drüber weg, dachte sie erleichtert, das wurde auch Zeit, der Mond ist doch nur eine langweilige Kraterlandschaft, und sie rief entschlossen ›Steuerrecht Teil IV-VII‹ auf.

Dann klingelte eines Abends Jeffrey an der Tür. Gina lud ihn zum Abendessen ein, er stellte zwei Flaschen Bordeaux auf den Tisch und sie stießen an und aßen.
»Du wolltest mir doch noch eine Mondgeschichte erzählen« sagte sie, »nun man los. Ich kann's inzwischen vertragen. Prost.«
Jeffrey setzte sich zurecht.
»Mein Onkel William gehörte zur Ersatzmannschaft der Apollo 11, du weißt ja, 1969, er trainierte mit der ersten Garnitur, aber er flog nicht mit. Offiziell nicht, in Wirklichkeit schon. Sein Auftrag war, in den zwei Stunden, während Armstrong und Aldrin ihre Fußspuren vorne in den Staub drückten, die Mondfähre zur Rückseite zu steuern und heimlich Aufnahmen zu machen.«
»Und warum war das jemandem wichtig?«
»Man wollte das einfach wissen. Waren da mal Außerirdische gelandet? Standen da Siedlungen intelligenter Sternenwesen?«
»Ach Quatsch, so'n Blödsinn« lachte sie. »Hör auf damit, das glaubt doch keiner.«
Sie sahen sich immer öfter in die Augen.
»Aber irgendetwas Bedeutsames muss Onkel William gesehen haben« sagte Jeffrey. Wie gut er aussah mit dieser Helligkeit im Blick. »Er durfte jedoch nichts sagen, die NASA verbot es ihm. Man gab ihm viel Geld und einen neuen Pass, er musste die Vereinigten Staaten verlassen, von dem Geld kaufte er sich ein Weingut in Frankreich, da kommen auch diese Flaschen her.«
»Eine ist leer«, sagte Gina. Jeffrey zog die zweite auf, während er weiterredete.
»Aber vorher musste er tausend Eide schwören, niemandem zu erzählen, was er gesehen hatte.«
»Auch dir nicht?«

»Einmal, ein einziges Mal, hat er so nebenbei fallen lassen, auf der Rückseite des Mondes finge eine ganz andere Art von Weltraum an.«

Gina schüttelte lächelnd den Kopf.

»Ich hab mich auch mal sehr für all das interessiert«, sagte sie langsam, »und ich weiß noch, dass nach Apollo 11 Sowjets und Amis Sonden um den Mond schickten, die ihn rundum fotografierten. Auf der Rückseite war nur Wüste wie vorne auch. Kann es sein, dass dein Onkel alles erfunden hat? Da gab es doch später auch so ein Buch, We never went to the moon: die gesamte Mondlandung sei ein großer Fake, aufgenommen auf Video mit Schauspielern vor gemalten Kulissen.«

Sie stießen an. Jeffrey nahm ihre Hand.

»Vielleicht. Hier unten ist aber manches auch echt«, sagte er.

»Vom Mond sehen wir das ganze Jahr nur dieselbe Seite« sagte Gina, »die andere bleibt uns verborgen. All die Wölfe und Vampire, die sehen wir nie.« Sie drückte seine Hand.

Am nächsten Vormittag ging Jeffrey, er musste geschäftlich nach Hamburg, und Gina saß mit schwerem Kopf am Küchentisch. Sie hatten geredet, sonst nichts, oder? Aber wohlig tauchte eine andere Erinnerung auf, nicht an lang gesponnene Mondfäden, sondern an ein Gefühl, ein durch den ganzen Körper sirrendes Gefühl kurz vor dem Abtauchen. »Ich hätte mich ihm hingegeben«, murmelte sie und wunderte sich über die altmodische Formulierung, »ich hätte es getan, er hätte nur die Hand auszustrecken brauchen, oder habe ich und er hat auch?«

Es war Sonnabendnachmittag und es regnete schon den ganzen Tag. Menschen vor dem Supermarkt spannten Schirme auf oder meckerten über das Wetter auf dem Weg ins Kino, Straßenbahnen quietschten in den Kurven, Autos schnarrten über das Kopfsteinpflaster, warfen Spritzwasser auf Passanten und hupten. Gina wanderte unentschlossen durch die nassen Straßen, bis es dunkel war.

Dann trottete sie nach Hause zu ihren Lernaufgaben. Später stand sie eine Weile am offenen Küchenfenster und lauschte hinaus in die Nacht als erwarte sie eine tröstliche Botschaft. Versuchshalber, wie um zu sehen, ob der Zauber von früher zurückkäme, holte sie sich ein altes Lieblingsbild ins Gedächtnis. Hinter dem Mond, hatte sie sich gern vorgestellt, jenseits seiner Umlaufbahn um die Erde fing das Grenzenlose an, das Ungebundene, dort war alles ganz anders als hier unten, unwandelbar und zärtlich und licht. In sanft sich drehenden Schalen legte sich der Kosmos um die Erde, wie durchsichtige Kugeln, jede in der jeweils größeren geborgen. Das waren die Sphären, auf denen die Engel saßen und musizierten. Sphärenmusik.

Zwischen den Festen wehte ein milder Westwind, der statt Schnee Regen brachte. Arm in Arm bummelte sie mit Susanne und ihrem Kleinen bei Dunkelheit an der Weser entlang. Hinter einer Wolke hervor trieb der große Mond ins Helle. Er glitzerte auf dem Wasser und ließ Pfützen glänzen.

»Guck mal« sagte sie zu Susanne, »guck doch mal, wie der Mond da unten gleichzeitig da ist und auch nicht. Wenn Wind kommt, zerfließt sein Spiegelbild auf kleinen Wellen, du siehst ihn und du siehst ihn nicht.« Der Junge platschte mit dem Fuß in die Pfütze. »Und jetzt nur Tumult, Furchen und Zersplitterung, und dann wird es ruhig und er tut unschuldig und ist wieder ganz ganz.« Der Junge platschte noch einmal und schrie vor Freude. »Er verschwindet fast im Gekräusel, guck doch«, sagte Gina, »aber es gibt ihn die ganze Zeit. Meinst du, dass das was bedeutet?«

Kopflos

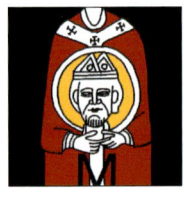

an bekommt wahrscheinlich keine Vorladung, dachte Karst, keinen Einschreibebrief, dessen Empfang man dem Postboten bestätigen muss, keinen Eilbrief oder auch nur eine Mail: der große Schwarzgekleidete mit der Sense klopft nicht einmal, er tritt ins Wohnzimmer und blickt dich an aus leeren Augenhöhlen. Wenn er gerade dramatisch drauf ist, winkt er mit knöchernem Zeigfinger: komm! Du begreifst aber auch so, was er will, stehst auf, schiebst den Stuhl zurück, bedauerst, dass der Tee kalt wird, guckst noch einmal im Zimmer herum, würdest noch schnell deine Ex anrufen, aber dafür ist keine Zeit, die Tür zur Straße öffnet sich von selbst, und dann bist du draußen.

Karst war nicht wirklich krank, er hustete nur ein bisschen vor sich hin, die Brust tat ihm weh, mit der Hand auf der Stirn ahnte er leicht erhöhte Temperatur, mehr nicht, aber heute war so ein Tag zum Im-Bett-bleiben. Sonntag. Teekanne und Becher am Bett, eine Schachtel mit Keksen, Mozart vom Deutschlandradio, die ZEIT in den Händen, so saß er, den Rücken von Kissen gestützt, und erlaubte sich morbide Gedanken. Jetzt war er noch drinnen, aber dann wäre er draußen. Draußen wo? Draußen wie? Könnte man überhaupt davon reden, dass man irgendwo wäre? Es gäbe einen doch gar nicht mehr, oder? Wie war das gedacht: man sitzt zur Rechten Gottes? Worauf säße man, und womit, wenn es einen doch nicht mehr gäbe? Karst nahm die Feuilletonseiten wieder auf. Bevor er sich weiter durch Buchkritiken, Konzertberichte und andere Kulturnachrichten pflügte, gingen ihm noch die 70.000 Jungfrauen durch den Kopf, die auf ihn warteten. Oder funktionierte das nur, wenn man sich in die Luft sprengte? Er seufze zufrieden. Sonntag im Bett, das war entschieden drinnen im geschützten Raum.

Dann las er diese Anzeige in der Rubrik Kontakte. Da käme er doch in Frage. Gerade erst sechzig, gut situiert, kulturell interessiert, feinem Wein und guten Gesprächen nicht abhold, zwar nicht übertrieben sportlich, aber für kleine Wanderungen immer zu haben, sie mussten ja nicht aufs Matterhorn führen, reisen tat er auch gern. Seine Frau hatte sich schon vor Jahren von ihm getrennt und lebte jetzt mit ihrem Neuen – der ebenfalls Rechtsanwalt war – in Stuttgart. Sie tauschten manchmal Emails aus, deshalb wusste Karst, dass sie gegen Stuttgart 21 war, aber den Grünen nicht über den Weg traute und lieber SPD gewählt hatte, jetzt sähe man ja, was der neue Regierungschef nicht konnte, nämlich das Idiotenprojekt der Deutschen Bahn stoppen. Wie es ihm, Karst, ginge, fragte sie nie. Mir geht es glänzend, würde er lügen, ich sitze gut eingehüllt im Bett und freue mich, dass ich erst morgen wieder in die Kanzlei muss und eben eine Kontaktanzeige gefunden habe, auf die ich antworten werde. Aber sie fragte ja nie.

Es klappte, man kam zusammen. Emails bereiteten das erste Treffen vor. Prosecco, Suppe, Hauptgang und Dessert vom Feinsten, dafür sorgte Karst, wusste aber später nicht, was sie gegessen hatten. Sie hieß Gertraude, hatte sich als Zahnärztin früh in den Ruhestand begeben und nahm ihn vollständig gefangen. Wie sie plaudern konnte, wie ihre Zähne blitzten, wie sie ihn anlächelte, als sei sie vom Fleck weg verliebt! So charmant, so weiblich! Wieso hatte er so viele Sonntage darauf verschwendet, dem Tröpfeln der Zeit zuzuhören?

Gertraude lächelte, wenn er so redete. Sie spazierten zum Weserwehr, eine Woche drauf auf dem Wümmedeich; als der Frühling sich voll entfaltete, radelten sie nach Fischerhude und tranken Kaffee im Café Rilke, wo Karst sich seine Jacke anzog, weil ihm plötzlich kalt war, unter der Woche besuchten sie das Goethetheater oder lauschten in der Glocke klassischen Klängen. Kino war nicht ihre Sache. Für den Herbst schlug Gertraude ein langes Wochenende in Paris vor, vielleicht könne er sich ein oder zwei Tage frei nehmen, und sie setzte Picasso und die frühe Gotik aufs Besuchsprogramm. Karst war dankbar, dass sie die Planung in die

Hand nahm und sah ihr bewundernd in die Augen, so oft es ging. In letzter Zeit auch auf den Kissen in seinem Bett.

Der Stuttgarter Bahnhof würde jetzt doch abgerissen werden, schrieb seine Ex, das werde ihn nicht überraschen, er lese ja Zeitung, aber eine Schande sei es und ein Unglück. Im Übrigen führe sie bald mit ihrem Neuen nach London für ein langes Wochenende, mit ihm sei das ja wegen seiner vielen Arbeit nie möglich gewesen. Karst hatte keine Erinnerung an zu große Arbeitsbelastung, schließlich war er Seniormitglied seiner Sozietät und konnte frei über seine Zeit verfügen, oder jedenfalls fast frei, aber das war jetzt egal. Im Augenblick war er viel zu beschäftigt damit, Gertraude einen Wunsch zu erfüllen: sie hätte gern in seinem Wohnzimmer einen holländischen Kachelofen, mit Motiven aus Landwirtschaft und Schifffahrt in Delfter Blau, dann könnten sie schon im kommenden Winter vor offenem Feuer sitzen und Gedanken austauschen. Er war nicht überrascht, schließlich war sie eine geborene de Vries, ihr Urgroßvater war Schiffsmakler in Den Haag gewesen.

»Ich habe mal in einem Roman gelesen, wenn da jemand die Hand auf die Glasur legte und einen Namen sagte, dann konnte man auf einer der Kacheln sehen, wo der gerade war, oder sogar, was in naher Zukunft auf ihn wartete.«

Gertraude warf sich mit einer raschen Kopfbewegung eine Strähne ihres blonden, an den Wurzeln zum Bräunlichen neigenden Haars aus der Stirn.

»Das wäre ja fürchterlich«, sagte sie, »und würde zum Nachspionieren geradezu einladen.«

Karst legte ihr die Hand auf den Unterarm.

»Ist ja auch nur eine Geschichte, ich würde das doch nie tun, schon gar nicht mit dir.«

Die Tage in Paris waren ein großer Erfolg. Karst war glücklich. Im Picasso-Museum im Marais standen sie lange vor den Altersbildern des Meisters. Er hatte sich als Clown gemalt, als Toreador, als Musketier. Der Clown gefiel Karst am besten.

»Guck dir diesen alten Mann an«, sagte er, »er hatte es oft mit den Frauen, die ihm Modell standen. Jetzt steht er sich selbst Modell, da geht das nicht so gut.« Er schmunzelte verschwörerisch.

»Ich verstehe das, du nicht? Er ist alt, das Leben läuft auf der Zielgeraden, er muss sich Heiterkeit herbeimalen. Ganz hinten steht der Gevatter und wartet, das weiß er.«

Sie schlug ihm spielerisch auf den Arm.

»Lass das, man soll das nicht beschwören. Das kommt von selbst und früh genug.« Sie machte eine kleine Pause. »Man darf aber auch keine Angst davor haben, sonst rennt man nur noch kopflos durch die Welt.«

Sie hat gut reden, dachte Karst. Gertraude drehte ihn zu sich herum und sah ihm ins Gesicht.

»Musst du dir auch Heiterkeit herbeimalen?«

Karst schüttelte den Kopf, lachte und sah auf die Uhr.

»Ich kann gar nicht malen«, sagte er, »wollen wir uns jetzt nicht einen Aperitif gönnen?«

Die Stunden flogen. Sie machten all die Sachen, die man in Paris macht, jedenfalls soweit es in ihre drei Tage hineinpasste. Sie bummelten an der Seine entlang, schauten bei den Bouquinisten vorbei, besuchten den Invalidendom, standen Schlange vor dem Louvre, küssten sich vor der Kirche Sacré Coeur und staunten zum Eiffelturm hinauf.

»Jetzt haben wir die Klassiker abgearbeitet«, sagte Gertraude am letzten Morgen, »heute möchte ich mit dir zur Kirche St. Denis. Einverstanden?«

Karst sah keinen Grund, zum ersten Mal nicht mit ihren Vorschlägen einverstanden zu sein. Sie packten ihre Reisetaschen, gaben sie der Rezeption des Hotels zur Aufbewahrung und machten sich auf den Weg. Vor der Kirche fasste Gertraude zusammen, was sie im Reiseführer gelesen hatte, Entstehungszeit, Stilmerkmale, Bauherren, und so weiter. Wirklich aufmerksam wurde Karst, als sie zu dem Heiligen kam, nach welchem die Kirche hieß: Dionysius. Sie führte die Namensverwechslungen und Zuschreibungsirrtümer auf und landete schließlich bei dem, was Karst bewegte.

»Dionysius, Denis, war Bischof von Paris. Er wurde hingerichtet, weil er an seinem Glauben festhielt. Das war auf dem Montmartre, dem Berg der Märtyrer, wo wir gestern waren, und es passierte am 3. Oktober, und das ist heute.«

»Hast du das alles so geplant?«

Gertraude sah ihn verwundert an.

»Nein, es hat sich einfach so ergeben. Jetzt guck ihn dir mal an. Fällt dir was auf?«

»Ja, er steht zwischen zwei Engeln.«

»Und?«

»Vor den Bauch hält er mit beiden Händen einen Kopf, ganz sorgfältig, als könnte der runterfallen.«

»Das ist sein Kopf, mein Lieber, sein eigener, der ist schon runtergefallen, der ist ihm nämlich gerade abgehackt worden.«

Karst fühlte, wie sich seine Nackenhaare aufstellten, aber er redete laut gegenan.

»Wie ein verlorenes Huhn auf dem Hühnerhof«, grinste er nicht ohne Anstrengung. »Du kennst doch sicher die Geschichten, dass so ein Huhn noch rumläuft, wenn der Schlachter ihm schon den Kopf abgehauen hat. Vielleicht war das auch so bei deinem Heiligen.«

Gertraude sagte nichts.

»Entschuldige«, sagte Karst, »ich wollte nicht …«

Sie sah ihn ein paar Augenblicke ernst an.

»Schon gut, schon gut. Zur Strafe musst du dir noch den Denis an der Notre Dame ansehen. Der ist viel schöner als dieser hier. Komm, wir nehmen ein Taxi.«

»Und diese Kirche? Das Innere und so weiter? Du hast doch so viel dazu gelesen.«

»Nach deinem Hühnerkram hab ich keine Lust mehr. Komm.«

Karst bewunderte auch den zweiten Dionysius. Ob der so viel besser erhalten war, weil er jünger war? Er wagte nicht, sie zu fragen. Heilige konnten ja wahre Fettnäpfchen sein.

Als sie wieder in Bremen waren, nahm er die Sache mit dem Kachelofen in Angriff. Mit Gertraude fuhr er an vielen Nachmittagen zu privaten und kommerziellen Anbietern, begutachtete die Brüchigkeit alter Kacheln und die Abbildungen auf neuen, ließ sich die Kosten vorrechnen und über Energieverschwendung belehren, und schließlich fanden sie ein Exemplar, welches ihnen beiden gefiel. Es musste aus Groningen gebracht werden. Nach vielen weiteren Telefonaten und einem sichernden Blick auf seine Geldreserven beauftragte Karst einen Ofensetzer, den Kamin aufzustellen. Kurz nach Weihnachten saßen sie zum ersten Mal vor brennenden Holzbriketts und stießen mit Sekt an. Karst stellte sich neben den Ofen und wärmte eine Hand an den Kacheln, richtig warm aber wurde ihm nicht.

»Wunderbar«, sagte Gertraude, »mit diesen holländischen Kühen da könnte man Bäume ausreißen.«

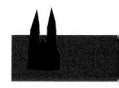

Karst lachte laut auf.

»Na ja, eher Grasbüschel, oder? Aber die Schiffe mag ich irgendwie lieber.« Er klopfte auf eins der blauen Bilder. »Da fällt gerade ein Mann ins Wasser, siehst du ihn?«

Gertraude schüttelte den Kopf.

»Doch, guck doch mal genau hin. Sein Kopf fliegt neben ihm.«

Gertraude zog die Stirn in Falten.

»Bitte nicht« sagte sie, »außerdem ist das nur der Abfall, den der Koch ins Meer wirft. Da steht er doch mit seinem dicken Bauch, guck mal genau. Und setz dich bitte wieder hin.« Dann hellte ihre Miene sich auf. Sie hob ihr Glas. »Ich möchte im Frühjahr mit dir nach Rom, Renaissance satt, stoßen wir darauf an?«

»Großartig«, sagte Karst, hob sein Glas und hustete unauffällig, »wenn ich bis dahin wieder ganz auf dem Damm bin.«

Sie sah ihn fragend an.

»Ich hab ein bisschen Fieber, glaub ich«, er legte sich die Hand auf die Stirn, »aber morgen ist ja Sonntag, da bleib ich am besten im Bett. Vielleicht auch noch den Montag. Tut mir leid.« Er sah schon den Tee dampfen neben der Keksschachtel und sich mit der ZEIT vor der Nase, genussvoll gegen Kissen gelehnt. Der Computer würde nicht hochgefahren werden, keine Mail aus Stuttgart könnte ihn erreichen und auch keine Vorladung, und er würde nicht nach draußen treten.

Dann musste Gertraude gehen. Sie gab ihm einen Kuss.

»Nun werd mir nicht krank«, sagte sie. Von der Tür winkte sie ihm noch einmal zu, dann war sie weg.

Johannes spielt Schach

Schachcomputer waren sicher eine schöne Erfindung, aber er saß lieber hier als zu Hause vor seinem, der Mephisto hieß und immer gewann.

Sie sagte: »Natürlich habe ich einiges hinter mir.« Pause. »Und hoffentlich auch vor mir.«

Er nickte. »Mir geht es genauso.«

Sie stießen an. Der erste Zug. Draußen die Straße lag hell in der Sonne, Menschen mit Plastiktüten, Menschen auf Fahrrädern, Sonnabendvormittag im Viertel. Ein Mann blieb stehen und sah zu ihnen hinein. Konnte er überhaupt etwas sehen? Was er sehen könnte, war eine Frau Mitte vierzig, die an einem kleinen Tisch einem Mann Ende vierzig gegenübersaß. Zwischen ihnen zwei Tassen, zwei Gläser, eine Flasche.

»Das Leben hat mich nicht immer gut behandelt. Aber da musste ich wohl durch.«

Er guckte nach unten. Der Fußboden bestand aus schwarzen und fast weißen quadratischen Kacheln. Ein bis an die Wände reichendes Schachbrett. Er sah nach draußen. Eine Straßenbahn glitt gedämpft vorbei.

Der Junge, der er gewesen war, schien ihm immer fremd, ein seltsames, zerbrechliches Wesen. Er hieß Johannes wie er. Der Junge stand am Tischtennistisch in der Sporthalle beim Training. Er war vierzehn oder fünfzehn und seit einem Jahr im Verein. Lange dünne Arme, Brille, kräftige Beine, und gefürchtet für seine angeschnittenen Schmetterbälle. An diesem Nachmittag stand die Luft warm um die vier Tische, an denen gespielt wurde.

»Zehn neunzehn«, sagte er, »aber es geht weiter«.

Bei achtzehn zwanzig ging die Tür auf und der Trainer kam herein, zusammen mit einem älteren Mann, den er noch nie gesehen hatte. Beide standen einen Augenblick in der offenen Tür, vor der Helligkeit der Sonne, Lichtgestalten, Abgesandte des guten Königs. Dann schlug die Tür zu und sie waren Herr Helmholtz im gewohnten blauen Trainingsanzug über alten Sandalen und ein älterer Herr mit einer Aktenmappe unter dem Arm und eigenartig verformtem Gesicht. Alles an ihm war ein bisschen grau, vor allem der Haarkranz, aber auch der Anzug, und die braunen Schuhe. Sogar sein Blick.

»Könnt ihr mal kurz herhörn, Jungs, ich möchte euch was fragen.«

Das Klacken der Bälle verstummte.

»Danke. Dies ist hier ist mein guter Freund, Gustav Grambow. Er spielt Schach in der Hamburger Mannschaft.«

In das ehrfürchtige Schweigen sagte Herr Grambow:

»Na ja, am vierten Brett, nech.«

Alle bewegten sich erleichtert. Nur das vierte Brett, das ging ja. Sie hatten keine Ahnung, was das bedeutete. Aber Schach, das wussten sie, das war etwas Edles. Und ganz schön schwer, irgendwie.

»Wer von euch spielt denn schon Schach?«

Herr Helmholtz sah sie der Reihe nach an. Johannes wartete eine lange Minute, dann hob er die Hand.

»Son büschen, mit meinem Vater.«

»Und, gewinnt er immer?«

Johannes schüttelte den Kopf. Er sah hinüber zu seinem Tischtennispartner, und sie lächelten sich an als sei das doch nun wirklich klar.

»Noch jemand? Niemand? Gut. Komm doch mal hier rüber, Johannes, Herr Grambow hat ein Angebot für dich.«

Herr Helmholtz ließ den Blick jetzt auch über die Jungen wandern, die entlang der Seitenwand auf Stühlen saßen. Die meisten hatten den Tischtennisschläger vor sich auf den Knien liegen und fummelten daran herum. Die Schläger waren mit Noppengummi oder Schaumstoff bezogen in blau oder rot oder schwarz. Schaumstoff war der Renner, man sagte, die Chinesen spielten mit nichts anderem. Einer hatte ihnen mal den Federhaltergriff der chinesischen Nationalspieler gezeigt, sie waren beeindruckt, aber nicht überzeugt. Gerhard die Gurke meldete sich.

»Gerhard, du?«

Die Gurke stand auf. »Ja, warum nicht?«

Herr Helmholtz sah einen Augenblick zwischen den beiden, die sich gemeldet hatten, hin und her. Johannes spürte die Skepsis in seinem Blick, auch wenn er das Wort noch nicht kannte.

»Also gut. Was Herr Grambow euch anbietet, ist dieses.«

»Irgendwann«, sagte sie, »müssen wir uns jetzt unser Leben erzählen, nicht? Freuden und Flops, Paarungen und Klärungen, Hobbies und Histörchen. Soll ich anfangen? Ich heiße Karin und bin Krankenschwester.«

Es klang routiniert, und er hatte Mühe zuzuhören. Er sah in ihre großen graugrünen Augen, auf ihre Hände, weiter traute er sich nicht, nichts war eben einfach. Hier musste etwas vorbereitet werden, hier plante man kurz-, mittel- und langfristig, sie waren nicht zum Vergnügen hier. Aber wozu dann? Aufgewachsen war sie in Bremen, dann Studium, Liebe, gescheiterte Ehen.

»Deine Anzeige fand ich entzückend.«

Jetzt war er dran. Nur keine Wellen machen, den Ball flach halten, aber doch Profil zeigen. Wenn er bloß das dauernde Gerede in seinem Kopf leiser drehen könnte. Die Geschichte mit dem Schach lass ich erstmal weg, Schule, klar, Lehreranekdoten.

»Eltern?«

Ja, natürlich, hatte er auch. Eine Jugend in Hamburg an der Elbe Auen. Abitur mit Ach und Krach. Und so weiter und so weiter. Lehramtsstudium, Ehe, Scheidung, und so weiter und so weiter.

»Warst du nicht beim Bund? Ich dachte, alle richtigen Männer waren beim Bund. Aber wahrscheinlich hast du auch kein Taschenmesser in der Tasche.«

Er sah aus dem Fenster. Auf der andern Straßenseite ging ein Ehepaar in das große Haushaltswarengeschäft. Im Fenster hing ein Plakat mit einem weißen Kreuz auf rotem Grund. VICTORINOX. Das Schweizer Offiziersmesser für den Profi. Ihm fiel ein alter Spruch ein von irgendwem: dass in der Schweiz alle aussahen wie Kellner, sogar die Berge. Watt ham wa jelacht.

»Heute müsste hier eigentlich irgendwann der Sambazug vorbeikommen« sagte er.

»Ach ja, Aschermittwoch.«

»Sonnabend.«

»Jedenfalls Ascher.«

Es tat gut, ein bisschen zu lachen.

»Das hast du strategisch gut ausgesucht«, sagte sie, »kleines Lokal, wir könnten eigentlich auch mal was essen, mitten im Viertel, ordentlicher Wein, bist du ein methodischer Mensch?«

»Wäre das schlimm?«

Das hatte er sich schon oft gefragt, vor allem nach den kleinen und größeren Schiffbrüchen. Hatte das alles Methode? Und wenn ja, war es seine? Oder war es die des Spiels, das er spielte und das man Leben nannte? War er wie eine Schachfigur, die sich nur auf eine Art bewegen kann? Der Turm unverrückbar auf schnurgeraden Alleen, die Bauern immer vorwärts, als kennten sie den sicheren Weg zur klassenlosen Gesellschaft, der König kurzatmig, erhaben und hilflos, die Springer sprunghaft, man könnte meinen in spontaner Frische. Nur die Dame, ja, die Dame, sie war die befreite Figur, sie konnte in alle Richtungen segeln. War er ein methodischer Mensch? I did it my way, hörte er Sinatra im Kopf und lächelte melancholisch. Wie hatte sie seine weiche Stelle so schnell gefunden?

»Warum lächelst du?«

»Ich habe mir gerade vorgestellt, du wärst ein Läufer, du weißt, Schach.«

»Läuferin.«

»Ja, genau, schnittig und sicher, nicht querfeldein.«

»Zielstrebig diagonal. Und elegant.«

»Hab ich das nicht gerade gesagt?«

»Ja, aber nicht laut genug.«

»Der Karnevalszug, ich glaube, ich kann die Trommeln hören. Aber du hast nicht geantwortet. Wäre es schlimm, nach einer Methode zu leben?«

Er griff zum Glas und sah sie an. Haare und Mund, Hände und Hals und die schönen, großen grünen Augen. Sie hatte schmale Hände, die legte sie auf beide Seiten neben das elfenbeinfarbene

Gedeck, neben den flachen Teller, auf dem ein kleinerer schüsselförmiger stand, die zwei Löffel oben, zwei Messer und eine Gabel an den Seiten, Wein- und Wasserglas oberhalb der Löffel. Und dann lag da noch ihr Autoschlüssel, wie zufällig, aber sicherlich gezielt platziert, in einer kleinen Lederhülle mit der Aufschrift Mitsubishi. Allzeit bereit. Ein Treffen auf Probe. Das Leben ist vorläufig.
»Du hast schöne Hände«, sagte er.
Sie lachte.
»Ja, sagt man. Aber hast du auch die Krallen gesehen? Hier, fühl mal.«
Er fühlte ihre glanzroten Fingernägel.
»Nein, Mensch, enorm, sind die echt?«

Maria hatte ihn vor über einem Jahr verlassen. Skatrunde, Schachcomputer, Theaterabo, Sport-Dietel und Latein für Anfänger konnten die Leere nicht füllen. Er setzte sich hin und suchte nach Formulierungen, die ihn ins rechte Licht setzten. Achtundvierzig oder Mittvierziger? War er humorvoll, vielseitig interessiert, Nichtraucher und Naturfreund? Wein am Kamin oder Wanderungen in der Eifel? Für Freundschaft und mehr oder Heirat nicht ausgeschlossen? Sollte er sexuelles Bedürfnis andeuten oder sich als harmloses Kuscheltier präsentieren? Jetzt saß er hier und wusste nicht weiter. Your place or mine? Wollte sie überhaupt? Wollte er?
Und, wenn er denn wollte, würde er können? Schach war so viel einfacher. Am liebsten stellte er sich selbst als Turm vor. Die Kraft, die aus der Ruhe kommt. Am Anfang steht er eingesperrt in der Ecke als Reserve für die Zeit, wenn die Schlacht eröffnet ist, als gefährliche Latenz, Autorität in Wartestellung. Dann marschiert er los, räumt beiseite, walzt nieder, macht platt, siegt. Er erschrak. Wie gut, dass sie nicht Gedanken lesen konnte.
»Ja«, sagte sie, »daher der Ausdruck niet- und nagelfest. Die bringen Ordnung.«
»Wie im Schach«, sagte er, »da geht auch …« Er wusste einen Moment lang nicht weiter und musste sich einen Ruck geben. »Bewegung nach Regeln. Am Ende geht alles in Ordnung.«

Sie strahlte ihn an. Ihre beiden Hände klopften einen komplizierten Takt.

»Und das ist gut?«

Nein, dachte er, eigentlich möchte ich alleingelassen werden in meiner unordentlichen Höhle.

»Nein. Ja. Nein. Doch. Man weiß, woran man ist. Was man tun kann. Im Rahmen.«

»Möchtest du das jetzt auch wissen?«

Er zögerte einen Moment.

»Klar, du nicht?«

»Manchmal mag ich Unordnung lieber«, sagte sie und rückte ihr Besteck gerade. »Aber es muss meine eigene Unordnung sein. Das ist dann doch wieder eine Ordnung.«

Jetzt lachten beide los. Sie lehnte sich zurück, hob beide Hände bis in Schulterhöhe und lachte. Und lachte. Er lachte mit wie lange nicht mehr, ohne genau zu wissen warum. Beide griffen zum Glas und tranken einen Schluck. Dann sahen sie sich an und prusteten noch ein bisschen als Nachklapp. Erste Stiche in der Seite. Ihre Augen mit den kleinen Fältchen. Sahen da schon andere Gäste zu ihnen herüber? Egal. Er sah sie an und nickte.

»Was ist?«, fragte sie.

Grambow wohnte in einer Siedlung, einem Komplex von ältlichen Reihenhäusern mit sechs oder acht Wohnungen zu jedem Treppenhaus. Es roch nach Bohnerwachs und Schweiß und manchmal nach Kohl. Johannes ging auf dem ausgetretenen Balatum geradeaus und klingelte. Er erschrak jedes Mal ein bisschen, wenn der freundliche Mann mit dem im Krieg zerstörten Gesicht ihm aufmachte.

»Komm rein, ich bin gerade fertig mit Essen.«

Im kleinen Wohnzimmer lag auf einem Teller eine angebissene Schnitte Schwarzbrot mit Leberwurst. Grambow wies auf den leeren Stuhl ihm gegenüber und setzte sich. Er biss ab und sagte durch das Brot hindurch:

»Kleinen Moment noch. Weißt du noch, wie das geht mit der Sizilianischen?«

Er trank Tee aus einer Tasse. Ihm fehlte das halbe Kinn, die eine Wange war vernäht und nur ein halber Fleischstreifen bis zum Auge, das schief in der Höhle lag. Granatsplitter, erinnerte sich Johannes, und jetzt, viele Jahre später, auch daran, wie lakonisch und ohne Selbstmitleid ihm das erklärt worden war.

Grambow zog die Tischschublade vor sich auf und ließ eingewickelte Leberwurst und Margarine darin verschwinden. Er trug den Teller und die Tasse hinüber zu einem niedrigen Schrank, aus dem er die Holzschachtel mit den Schachfiguren hervorkramte. Das Brett stand an den Schrank gelehnt.

»Na, min Jung, wo geit di dat?«

»Gut.«

Grambow stellte die Figuren auf.

»Denn is ja gut. Du hast Weiß, wie fängst du an?«

»D2–d4.«

»Immer richtig. Ich geh mal mit dem Springer auf f6. So ging mal eine berühmte Partie los, erzähl ich dir bei Gelegenheit. Da waren zwei große Strategen am Werk, fantastisch.«

Johannes beugte sich über das Brett. Er konnte Grambow nie lange ins Gesicht sehen. Nicht nur die Entstellungen, auch das Ärmliche, das Graue und Einsame beunruhigten ihn. Da saß dieser freundliche alte Mann – kaum älter als er heute, höchstens Anfang fünfzig – und spielte in aller Ruhe mit ihm Schach. Er schimpfte nie, er lächelte freundlich, manchmal schmunzelte er auch, einfach so. An sechs Tagen in der Woche arbeitete er bei der Hamburger Sparkasse, im Archiv, das war damals am Rödingsmarkt, oder in den Raboisen, jedenfalls hatten sie damals noch die 48-Stunden-Woche, und die Arbeit war, sagte Grambow, ziemlich langweilig: alte Belege raussuchen, Zinstabellen vorbereiten, Vorgänge abheften, alles bei Kunstlicht.

Johannes war diesmal erst nach elf Zügen matt und stolz.

»Nicht schlecht, nicht schlecht. Soll ich dir mal sagen, wo dein größter Fehler war?«

Johannes passte genau auf.

»Und jetzt wollen wir uns die Sizilianische Eröffnung noch mal genauer angucken«, sagte Grambow.

Dann kam er in die neunte Klasse und verliebte sich in Dorothea. Sie hatte blaue Augen und große Brüste und war keine auffallend gute Schülerin. Bei einer Klassenfahrt mit dem Dampfer nach Helgoland standen sie ganz oben am Heck, sahen in die Wirbel und hielten sich an der Hand. Diesen Moment wusste er noch, sonst von dem Tag nur, dass Sternschnuppen rechts und links in die Elbe fielen, Delfine sprangen und es die ganze Zeit Vollmond war. Vor allem in den Mathestunden schrieben sie sich Briefchen, und nach der Schule tranken sie mit der Clique Cola am Bahnhofskiosk und fütterten sich mit diesen gummiartigen, rhombusförmigen Süßgebilden, deren Namen er vergessen hatte. Damals hatte er auch den wiederkehrenden Traum von den riesigen Figuren. Nein, vorher kam noch dieser Sonntagsausflug. Sie fuhren ins Grüne, Vater, Mutter und die beiden Söhne. In einer Landgaststätte, vielleicht im Alten Land, jedenfalls standen da weißblühende Kirschbäume, es gab Quark mit Pellkartoffeln, und neben dem Haus spielten Gäste Schach auf einem riesigen Brett. Die Figuren waren so hoch wie sie selbst und mussten bei jedem Zug mit beiden Händen umfasst und zur neuen Position getragen werden. Die Sonne schien, man stand um das Spielfeld herum mit Gläsern in den Händen und kommentierte jeden Zug.

»Wollen wir auch mal?«, fragte sein Vater, und als die laufende Partie beendet war, schleppten sie die Figuren in die Anfangspositionen.

»Ich gegen euch beide«, sagte sein Vater und rieb sich vor Freude die Hände. Sein Bruder und er sahen sich an und nickten.

Nachts kam dieser Traum. Die Figuren wuchsen und wuchsen, bis sie Kirchturmhöhe erreichten, und sie hatten lebendige Gesichter, mit denen sie sprechen oder schreien konnten. Sie ließen sich nicht bewegen, sie bewegten sich von allein, wie auf Rollen, und dazu sagten sie immer, welchen Zug sie taten. Der schwarze König kam in Bedrängnis und verzog das Gesicht. Die weiße Dame schrie: »Dich mach ich alle, du taubes Stück Holz!«, und die weißen Bauern kicherten: »Bring ihn um, klatsch ihn an die Wand, reiß ihm die Augen aus.« Die schwarzen Offiziere versuchten eine Art Wagenburg um ihren König zu bilden, gar nicht schachgemäß und auch nicht zweckdienlich, und dabei murmelten sie vor sich hin: »Ich bin der Turm, ich gehe geradeaus, ich bin der Panzer meines Herrn.« Und die Läufer trugen Motorradhelme und sagten: »Wir sausen von Brandstelle zu Brandstelle, wir rollen schnell schräg und schlagen schrill zu.« Die Springer sprangen auf Teleskopstelzen hoch über alle hinweg, bauten sich vor dem feindlichen König auf und schrien: »Krieg uns doch, krieg uns doch.« Aber es nützte alles nichts, die weiße Dame, die ein bisschen aussah wie seine Mutter, kickte den schwarzen König vom Brett, dazu donnerte und blitzte es, und Johannes erinnerte sich, dass er aufgewacht war mit schnellem Atem und einem Schmerz zwischen den Beinen, als ob jemand ihn getreten hätte.

Der Mittag kam, sie aßen, sie tranken, sie sahen sich an, sie stellten sich dar fast wie Charaktere in oft gelesenen Büchern, aus denen sie die Lieblingsstellen zitierten. Aber richtige Bücher kamen auch dran.

»Im Augenblick gehe ich durch das Alte Testament«, sagte sie, »die Leute da sind verrückt, grausam. Schlau. Voller Kraft. Ihre chaotische Welt muss immer wieder von Gott zusammengehalten werden. Er ist nicht gerecht, sondern auf Ordnung bedacht. Sie sollen sich an Regeln halten. Als Adam und Eva das nicht tun, schmeißt er sie aus dem Paradies. Und da Abraham sich an Gottes Befehle hält, macht er ihn und seine Nachkommen groß. Die Regel heißt: gehorche mir, dann wird's schon werden. Halte dich an meine Ordnung.«

»Tolle Regel.«

»Chaos ist schlimmer. Aber ganz schlimm sind eigentlich die Frauengeschichten. Nachtisch?« Sie winkte der Kellnerin.

Hatte er ihr zugehört? Draußen würde die Polizei den Ostertorsteinweg abgesperrt haben, vom Dobben konnte man dann noch in den Sielwall und den O-Weg in Richtung St. Jürgen, aber nicht mehr in die Stadt. Zwei weißgrune Mannschaftswagen standen quer, er sah sie vor seinem inneren Auge, weiß-rotes Band sperrte wie all die Jahre zu dieser Stunde die Durchfahrt, Männer und Frauen mit Fahrrädern verhandelten mit den Ordnungshütern.

»Ja bitte?«

Sie sahen in die Karte, sie lachten über Pflaumenkompott und Tiramisu.

»Dann kamen die Propheten, die sich auf die Zukunft verstanden.«

Er hatte den Faden verloren, er war unruhig. Die Sambagruppen klangen schon näher, er fühlte die tiefen Bässe.

»Stell dir vor«, sagte Grambow, «Moskau 1940, sowjetische Meisterschaft. Der große Botwinnik liegt nur an sechster Stelle. Aber dann denunziert er seine stärksten Konkurrenten Lilienthal und Bondarewski bei irgendeiner höheren Funktionärsebene, streicht sich selbst heraus, und durch Machenschaften wird er Sowjetmeister. Mein Held ist ein anderer: Lilienthal, nicht der Flieger, nein, Andor Lilienthal, der Russe. Die Partie, in der Andor Lilienthal Botwinnik vorher geschlagen hatte, fing so an, setz das mal: Botwinnik setzt den Bauern auf d4, daraufhin bewegt Lilienthal seinen Springer nach f6. Botwinnik zieht den nächsten Bauern vor: c4. Und Lilienthal auch, auf e6.«

Er sah eine lange Minute lang auf das Brett zwischen ihnen.

»Guck dir das an, absolut rätselhaft. Und nun sag du mir mal, was beide da vorhatten.«

Was hatte er damals gesagt? Konnte er überhaupt schon so früh strategische Überlegungen erkennen? Heute wäre er hoffnungslos überfordert. Der gute Grambow. Er wohnte in seinem Schachkasten, er las Schachbücher, Lebenserinnerungen großer Spieler, Beschreibungen bedeutender Partien. Namen wie Copacabana oder Spassky kamen ihm eher in den Sinn als Karl May oder Uwe Seeler. Und nun hatte er sich einen Schüler geholt, einen Eleven, und der war nicht von so festem Holz und so feiner Stirn, wie er sich das gewünscht hätte. Seine ganz große himmelstürmende, die Tristesse überwindende Begeisterung sprang auf den unklaren blonden Jungen nicht über. Johannes seufzte in Erinnerung. So schade.

Die Trommeln und Pfeifen konnten nicht mehr weit sein. Vor seinem inneren Auge sah er die kostümierten Gruppen, Gänsehaut auf den nackten Beinen und Verzückung im Gesicht. Rot, Silber oder Goldgelb, glitzernde glänzende tanzende Musikanten, zusammengehalten von Trillerpfeife oder Trommel, Handzeichen oder herrischen Blicken. Er sah und hörte, wie sie, Reihe für Reihe im gleichen Schritttempo vorwärtsschwingend, ihre Musik machten, die von der Straße sich lösend zwischen den Häusern aufstieg in den kalten blauen Himmel und über Bremen lockend kreiste wie ein Vogelschwarm. Mit jähem Ruck setzte er sein Glas ab.

»Entschuldige bitte«, sagte er, »nur eine Sekunde.«

Er hätte fast den Stuhl umgeworfen in seiner Hast, er schlängelte sich zwischen den Tischen durch und durchsprang beinahe die Glastür, dann war er draußen. Verblüfft und leicht schwankend blieb er stehen. Nichts. Er ging die hundert Schritte zur Sielwallkreuzung. Neben den Mannschaftswagen blieb er stehen, das Blut klopfte in seinen Schläfen. Leer streckte sich der O-Weg am Kino vorbei in Richtung Goethetheater, keine Autos, kein einziges Auto; Menschen gingen an den Geschäften entlang, trugen Taschen und Pakete, standen in Grüppchen und plauderten, begrüßten sich oder auch nicht, aber von den Sambagruppen war nichts zu sehen.

»Die sind noch nicht mal vom Marktplatz weg«, sagte die Polizistin neben ihm, »da ist noch das ganze Anfangstralala. Das dauert.« Sie sah auf die Uhr.

»Um zwölf ist der Startschuss, hat man mir gesagt. Jetzt ist es fast zwei.«

»Da ist was passiert mit dem Rathaus und dem Bürgermeister, das haben sie uns vorhin durchgesagt, alles verschiebt sich.« Der Boden bewegte sich unter ihm, er wusste nicht warum.

»Das können die doch nicht machen.«

»Nun mal locker bleiben, junger Mann, das hat sicher alles seine Ordnung.«

Er lief unsicher zurück, fiel auf seinen Stuhl und griff zum Glas.

»'Tschuldigung, noch nichts zu sehen. Ich dachte …«

»Ist das denn so wichtig? Guck doch mich an, heute spielt hier die Musik.«

»Schach kommt von König«, sagte Grambow gern, »es ist ein königliches Spiel, rein und klar, ohne Schummelei um Siege und Ehre und weltlichen Besitz.« Fast mönchisch hatte das geklungen, und so behielt Johannes seinen Lehrer auch gern in Erinnerung, als bedürfnislosen Arbeiter der Stirn, als selbstlosen Lichtbringer, als liebevollen Zuchtmeister. Aber da war auch dies andere Bild, und das drängte sich immer dann in den Vordergrund, wenn die Erinnerung allzu rosig wurde. Er war nämlich einmal an Grambows Fenstern vorbeigegangen, als es schon dunkel war, novemberwetterig, nieselig, unfreundlich. Was ihn dahin brachte, wusste er nicht mehr. Aber das Bild erinnerte er in trübseliger Klarheit. Grambow saß am Tisch, unter der Lampe, und vor ihm waren die Figuren auf den vierundsechzig Feldern aufgestellt, bereit zum Gefecht. Der Lichtkegel ließ seinen spärlichen Haaren einen goldenen Schimmer wachsen, im Gesicht darunter blieben die Augen im Schatten, unter Nase und Kinn lagen dunkle Felder, die Hände stützten den Kopf. Durch das Fenster sah Johannes ihm direkt ins Gesicht, in die Falten, in die Einsamkeit, in das Schattenreich. Wie er so dasaß, schien er nicht an Capablancas leuchtende Siege zu denken oder an die glänzende Zukunft der Hamburger Mannschaft. Er war ein kleiner trauriger Mann, allein unter der Lampe mit zweiunddreißig Holzfigürchen.

Sie sagte: »Ich kann mir nur eine Beziehung in Gleichwertigkeit vorstellen.«

Sie sagte: »Immer war ich es, die verlassen hat, nie die, die verlassen wurde.«

Sie sagte: »Die meisten Männer haben doch 'ne Meise.«

Sie sagte: »Peter war ein Loser, das kann ich nicht ausstehen. Robert eigentlich auch, wenn ich es recht bedenke.«

Sie sagte: »Durch all die Jahrhunderte war das nie anders.«

Sie sagte: »Männer nehmen sich viel zu ernst.«

Sie sagte: »Deine Anzeige fand ich einfach süß.«

Johannes sagte: »Es war meine erste, vielleicht gibt man sich da besondere Mühe.«

Sie sagte: »Du meinst, weil man da noch Hoffnung hat? Das gibt sich.«

Da konnten sie wieder zusammen lachen.

Ihm kam das Schachspiel im ersten Harry-Potter-Film in den Sinn. Harry Potter, Ron Weasley und Hermine Granger schlichen in ihrer Zaubererschule über Treppen und durch Falltüren, bewacht von mehrköpfigen Ungeheuern, tief in die dunklen Kammern und Keller, um den Stein der Weisen zu finden oder zu verteidigen oder so ähnlich. Dann waren sie eingesperrt in einem weitläufigen Saal, der war, wie man sich ein verwunschenes Gewölbe vorstellte. Schlecht beleuchtet, Spinnweben, Decken vage gotisch. Ritterfiguren standen herum, graumetallen, mit Schwertern und Helmen. Einige hockten am Boden, ihre Köpfe waren nach vorn gesunken, und in jeder Hand hielten sie einen Säbel. Ein Friedhof? Die wartende Armee im Kyffhäuser?

»Wir stehen auf einem Schachfeld«, sagte das Wiesel, und Harry guckte erschrocken durch seine runden Brillengläser.

Hermine: »Was nun, was sollen wir tun?« Wie Mädchen in Märchen so sind.

»Wir müssen das Spiel austragen«, sagte Harry, und Ron sprang auf ein Pferd und kommandierte: »d2–d4«.

Eine der nach vorn gesunkenen Figuren richtete sich auf, und mit steinernem Schlurfen schob sie sich zwei Felder nach vorn. Von der andern Seite knarzten bedrohliche Formen ihm entgegen, dann wurde das Spiel etwas unübersichtlich. Was aber grell und klar hervortrat, war, dass eine Figur, die geschlagen war, auch wirklich zerhauen wurde und mit Getöse in Stücke sprang. Wie anschaulich. Ron dirigierte von seinem ritterlichen Sattel aus. Was immer er vorschickte, zerplatzte. Harry und Hermine standen auf ihren Feldern, sie waren inzwischen zu Schachfiguren geworden.

Das Endspiel begann. »Ich muss mich der Dame in den Weg stellen«, sagte Ron.

»Tu es nicht« (Hermine), »Die Dame wird dich vernichten« (Harry).

»Es muss sein«, sagte Ron, und zu Harry: «Dann machst du deinen Zug und sagst Schach und matt!«

Die Kamera fuhr auf die Dame. Sie steckte in einer hochgeschlossenen Rüstung, das Visier war heruntergelassen, und ihre schlanken gepanzerten Hände hielt sie verschränkt vor der Brust. Ganz Drohung und Bereitschaft. Ron gab den Befehl, die Dame schubberte langsam und unaufhaltsam auf ihn zu und schoss einen Pfeil ab. Sein Pferd zerplatzte, Ron fiel zu Boden.

»Nein!« (Hermine), »Ron!« (Harry). Die Zeit blieb eine Sekunde stehen. Dann stand Harry neben dem riesigen grauen König, sagte »Schach!« und dem gekrönten Ritter fiel das Schwert aus der Hand.

»Du warst letzte Woche nicht da«, sagte Herr Grambow, »das ist schade. Wir wollten uns doch die Partie von Rubinstein gegen O'Kelly genauer angucken.«

Johannes sah vor sich hin und fand keine Worte. Röte stieg ihm den Hals hoch, Schweiß trat auf die Stirn, das fühlte er.

»Tschuldigung.«

Grambow sah ihn lange an.

»Du hast Weiß, wie fängst du an?«

»G2–g3.«

»Kühn. Na, denn wüllt wi mol.«

Er erinnerte sich, wie die Sonne schräg durch die kleinen Scheiben fiel. Fliegen summten in der Wärme, manchmal leuchteten Staubteilchen auf wie kleine Sternschnuppen. Grambows Narben waren gerötet. Er war ein bisschen herber als sonst. Johannes versuchte, ihn sich als König vorzustellen. Er schreckte auf, als Grambow sagte:

»Nu ma los, schlaf nich ein, ich hab dir gerade matt in drei Zügen angekündigt. Was tust du?«

»Rochade.«

»Sehr gut. Jetzt kann dein Turm kräftig mitmischen. Ich mach uns mal Tee, und dann will ich dir von einer berühmten Geschichte erzählen.«

Er schlurfte zu seiner Kochzeile hinüber, zündete einen der beiden Gasringe an, hielt einen braungelben Emailletopf unter den Wasserhahn und stellte den dann auf. Hinter dem Gaskocher hingen an Nägeln ein messinggelber Schöpflöffel, eine riesige Gabel, eine Reibe für Kartoffeln und einige seltsam geformte Geräte aus Metall, die Johannes nicht kannte. Unten aus dem Schrank kramte Grambow eine Tüte Meßmer-Tee und schüttete einen Schwung in den Teestrumpf. Die Tüte war aus Gold und glänzte. Tee für Könige.

»Es gibt eine ganz berühmte Geschichte«, sagte Grambow wenig später und blies auf den Tee in seinem Becher. »Sie heißt Schachnovelle. Hast du mal davon gehört?«

Johannes schüttelte den Kopf. Während Grambow erzählte, verbrühte er sich mehrmals die Lippen. Son Schiet. Er kriegte mit, dass da einer auf so einem Riesendampfer fuhr und ein Schachspiel arrangierte. Der eine Spieler war irgendwie bekloppt, das verstand er nicht ganz, wo der doch Weltmeister war. Und dann war da der andere Spieler.

»Für diesen Dr. B.«, hörte er Grambow sagen, »war Schach das Mittel, um zu überleben, verstehst du? Er spielte zig Partien im Kopf, immer wieder, um nicht wegzusacken in seiner Einsamkeit und bei all den Foltern, die er aushalten musste. Schach brachte ihm die innere Freiheit, verstehst du?«

Johannes verstand nicht ganz, aber dass Schach gut wegkam in der Geschichte, das begriff er wohl. Als er schon die Hand an der Klinke hatte, sagte Grambow:

»Ich möchte nicht wieder auf dich warten. Kommst du nächste Woche bestimmt?«

Johannes nickte. Er nahm es sich fest vor.

Ich sollte in eine Sambagruppe eintreten, wo es wirbelt und trommelt und bunt zugeht, dachte er, wo man wild sein kann und regellos und ohne Bedenken. Er sprang so plötzlich auf, dass sein Stuhl umfiel und wollte ihre Hand greifen.

»Komm, wir …«. Er erstarrte mitten in der Bewegung, guckte sich um, sah in ihre großen belustigten Augen, und setzte sich wieder.

»Tschuldigung«, sagte er.

Sie berührte seine Hand.

»Nein, gar nicht, war doch eigentlich eine prima Idee.« Er merkte, dass auch sie ein wenig Mühe hatte, ganz klar zu artikulieren. »Aber hier? Vielleicht sollten wir …« Ihre Stimme verlief sich. Sie sah an ihm vorbei. Waren das Tränen? Das war doch unmöglich. Dann hörte er sie sprechen.

»Darf ich mal was Ernstes sagen? Du merkst es mir vielleicht nicht an, aber manchmal fühle ich mich so … Ich gehe durch die Stadt, setze mich in ein Café und bestelle mir einen Capuccino. Ich sehe mich um, niemand guckt mich an. Sie reden alle miteinander. Und ich fühle mich, wie wenn das Handy klingelt, ich hol es aus der Handtasche, drücke auf den grünen Knopf, und keiner ist dran.«

Er sah sie an und wollte etwas sagen, etwas Tröstliches oder Witziges, aber ihm fiel nichts ein. Sie nahm einen Schluck.

»Da ist die Welt, und hier bin ich, so ist das eben. Aber jetzt, immerhin …« Sie sah ihn an, er wusste nicht wie.

Auf der anderen Straßenseite sammelten sich vier oder fünf Jungen mit Mountainbikes. Sie standen gegrätscht über ihren niedrigen Rädern und fuchtelten mit schnellen, weit ausholenden Gesten in der Luft herum. Es kam ihm vor wie ein Film, dessen Tonspur versagte. VICTORINOX hing weiter unbewegt im Fenster; Weiß auf Rot. Er sah sich im Lokal um, und sein Blick blieb an der Wand hängen. Hatte das Bild da schon vorher gehangen? Er sah eine Frau, vielleicht eine Nonne, die gegen einen Mönch Schach spielte. Sie saßen in der Sonne vor einer Burg, oder vielleicht war es ein Kloster.

Mit Anstrengung wandte er sich wieder Karin zu. Wie viele Züge noch? Und zu welchem Ziel? Naja, das war ja klar, oder? Sex is the reply to death, hatte er irgendwo gelesen und wurde rot, weil gerade dieser Satz ihm jetzt in den Sinn kam. Gab es nicht auch einen Film, in dem ein Mann gegen den Tod spielte? Karin zog eine ausgerissene halbe Zeitungsseite aus ihrer Handtasche.

»Ziemlich ungeübter Schachspieler sucht Partnerin für eine (längere) Partie«, las sie vor. »Guter Text. Meine Frage ist: Bei so einer Partie, gewinnt da immer einer der beiden?«

Johannes schwieg eine lange Sekunde.

»Mal verliert man, mal gewinnen die anderen«, sagte er dann, »hat Otto Rehagel gesagt.«

»Der Fußballmensch?« Und als er nickte: »Ich hab eigentlich von was Anderem geredet.«

»Ich weiß. Vielleicht stimmt es da ja ebenfalls.«

»Das Endspiel«, sagte Grambow, »kann die Eleganz selbst sein. Stell dir vor, du hast noch einen Turm und zwei Bauern, dein Gegner nur drei Bauern. So.« Er stellte die Figuren auf. »Was machst du?«

Bauern konnten sich auf der gegnerischen Grundlinie in alles Mögliche verwandeln, eine Dame, ein Pferd, Monster und Dämonen. Johannes machte einen Zug.

»Schach«, sagte er, »oder?«

»Immer gut«, sagte Grambow und zog mit dem König.

»Und jetzt hau ich diesen Bauern weg.«

Am Schluss hatte er gewonnen, Grambow legte seinen König auf die Seite, und klatschte langsam in die Hände.

»So ein König ist dann ja am Schluss ganz schön allein«, sagte Johannes, »nich?«

Dann hatte er aufgehört. Er war einfach nicht mehr erschienen. Er sah auf den O-Weg und schämte sich wieder für damals. Nicht einmal verabschiedet hatte er sich. Gut, er war in den HSV eingetreten, Fußball mit andern Jungs, eine Freundin, die Schule. Aber waren das die wirklichen Gründe gewesen? Und er hätte das Herrn Grambow ja auch erklären können. Stattdessen hatte er die Straßenseite gewechselt, wenn er ihn sah. Feige, einfach feige.

Er hatte zwei linke Hände, als er ihr in den Wintermantel mit dem künstlichen Nerzkragen half. Sie sah ihn an mit leuchtenden Augen.

»Komm«, sagte sie, »nun komm.«

Draußen war es dunkel geworden.

»Februar«, sagte er, »da ist das so.«

Er hatte Mühe, ›Februar‹ zu sagen, es klang eher wie ›Feba‹.

»Das war eine sehr tiefgehende Anmerkung«, sagte sie. Sie nahm seine Hand.

»Wir gehen zu mir«, sagte sie. »Und dann spielen wir erstmal eine Partie Schach. Alle meine Männer müssen zuerst Schach spielen. Einverstanden?«

Er zog seine Hand aus ihrer.

»Nein«, sagte er, »tschuldigung, das geht nicht.«

Sie stellte sich vor ihn und sah ihn prüfend an.

»Ich bin verblüfft. Deine Anzeige. Ich war überzeugt, dass du ein ausgekochter Schachspieler bist.«

»War ich auch«, sagte er, »aber ich hab mein Training abgebrochen, damals als Junge. Ich habe mich selbst unehrenhaft entlassen. Das sitzt mir noch im Nacken.« Und nach einer Pause: »Da wären noch mehrere Lektionen zu lernen gewesen.«

Sie standen jetzt an der Absperrung. Die Polizistin murmelte in ihr Funkgerät, zwei ihrer Kollegen in Ledermontur lehnten am weiß-grünen VW-Bus und rauchten. Die Fahrbahn war leer, soweit man sehen konnte, aber auf den Bürgersteigen standen Menschen in Dreier- und Vierreihen. Vor dem Café Engel glaubte er, Bierstände und Wurstbuden zu erkennen, auch wenn es eigentlich zu weit weg und zu dunkel war.

Ihr Blick prüfte ihn lange. Dann lächelte sie.

»Schade, aber macht nichts. Die kannst du bei mir jetzt nachholen.«

Er sah den O-Weg hinauf. Ganz hinten sah er die ersten Sambatänzer in Gold und Silber und Rot.

An der Schlachte

ein Capriccio

ies ist meine Lieblingsbank an der Schlachte. Schön hier in der Nachmittagssonne. Der Fluss, die ewige Metapher. Zeit. Manchmal würde ich gern an meine Kindheit zurückdenken, aber das fällt mir enorm schwer. Macht ja nichts, heute ist heute. Ich beobachte die Menschen hier. Frauen schieben Kinderwagen, Radfahrer klingeln vorbei, Touristen lassen sich die Entstehung des Hafens erklären, auf der Nachbarbank schmusen zwei junge Leute. Von der andern Weserseite leuchten auf der roten Ziegelmauer die großen weißen Buchstaben: AUF SAND GEBAUT. Dann bin ich wohl eingeschlafen. Als ich die Augen wieder aufmache, sitzt eine Frau mit grauen Haaren neben mir und zeichnet mit dem Gehstock eine verschlungene Linie in den Staub.

»Das ist der Engel«, sagt sie, »der von Paul Klee, der Vergessliche Engel, ich nenne ihn den Engel des Vergessens. Ist er nicht entzückend in seiner Traurigkeit?«

»Wieso Engel?«, frage ich, da steht sie auf und geht. Dann muss ich wieder eingenickt sein, denn als ich aufwache, ich glaube jedenfalls, dass ich aufwache, als ich also noch etwas dösig über die Weser gucke, sitzen zwei massive Männer neben mir, auf jeder Seite einer. Wie über das Wasser herangeweht sind sie ohne Vorwarnung oder schlurfende Schritte, sitzen sie auf Tuchfühlung neben mir, auf Knochenfühlung geradezu, so eng, dass ich mich nicht mehr rühren kann.

»Fang an«, sagt einer, »wir warten nicht gern.« Und sie drücken mich mit ihren Schultern zusammen, als wollten sie es aus mir rausquetschen. »Du sollst anfangen.«

»Aua«, sage ich, »das ist mir zu eng. Was denn anfangen? Und duzen wir uns? Haben wir zusammen in der Sandkiste gespielt oder was?«

»Gutes Stichwort, Sandkiste. Erzähl von damals.«

Ich schlucke kurz. Was soll ich ihnen erzählen? Während ich überlege, gucke ich sie mir an. Sie sehen beide genau gleich aus, strenge Gesichter, die stramm nach vorn sehen, unter roten Blechhüten. Der schwarze Stoff ihrer Jacken, nein, das sind ja Fräcke, wie aus dem Fundus eines vergessenen Theaters. Bei mir zu Hause hängt das Foto von meinem Urgroßvater, mit Zylinder und Fliege, wie er gerade auf einen Ball geht. Glaube ich. Oder vielleicht auch nicht, er guckt nämlich sehr ernst, als wäre ihm überhaupt nicht nach eleganter Feierlichkeit. Der hat auch so einen Frack an mit fliegenden Rockschößen, so hieß das früher, wenn ich mich nicht irre.

»Nun los«, sagt der links von mir.

Ich zucke zusammen.

»Also gut«, murmle ich. »Erinnerung: Der weiße Lack auf meinem Gitterbett. Ein Lichtschalter, dessen Kabel in einem Plastikrohr in der Wand verschwindet, in das man Zweige stecken kann. Ein Heftchen mit ausgestanzten Tierumrissen zum Nachzeichnen, das so schnell aus meinem Besitz verschwindet, wie es aus dem Dunkel aufgetaucht ist. Die durchsichtigen ...« (Das ist von Herrndorf, aber das wissen die Beiden sicher nicht.)

»Halt«, sagt der rechts von mir, »das passt nicht zu den Infos, die wir haben. Ist außerdem geklaut. Abgeschrieben. Nun mal was Eigenes, aber dalli.«

»War doch schon ein gutes Angebot, oder? Aber gut. Okay. Die Wahrheit. Am liebsten spielte ich mit meiner Schwester in der Sandkiste, die stand bei uns gleich hinter dem Haus neben dem Wintergarten. Sie baute Türmchen, und ich haute sie um. Sie grub Löcher, und ich schüttete sie zu. Sie war zwar ein paar Jahre älter als ich, aber ich war stärker. Und ich war böse. Manchmal schubste ich sie auch weg, dann heulte sie und lief ins Haus. Aua, was soll das!«

»Das passt nicht zu den Infos, die wir haben«, sagen sie im Chor. Im Gleichtakt hauen sie mir in die Rippen mit ihren harten Ellenbogen. Ich jaule ein bisschen.

»Nochmal, los«, sagt der auf meiner rechten Seite.

»Erwischt«, sage ich. »Also gut, in Wirklichkeit hab ich nie in der Sandkiste gespielt, sondern lieber Geige geübt. Kaum zu glauben, aber mit drei Jahren konnte ich schon ziemlich flink spielen. Mein Vorbild war natürlich Mozart, der hat schon mit vier Jahren Konzerte gegeben. Mein erstes kam erst, als ich sechs war. Naja, kann ja nicht jeder Mozart sein. Aber der konnte dafür nicht Geige spielen, oder? Mit acht lernte ich Trompete. Aua. Wieso denn nun wieder?«

»Das passt nicht zu den Infos, die wir haben«, sagen sie unisono. »Wir sind nicht zufrieden.«

»Und ich krieg blaue Flecken«, sage ich.

»Vierter Anlauf«, sagt der auf meiner rechten Seite, »letzte Chance.«

Die Sonne, die jetzt flussabwärts über der Weser steht, lässt seinen komischen Hut aufblitzen. Seine Stimme passt gar nicht dazu, sie klingt eher wie Arnold Schwarzenegger. So steif und ohne Mienenspiel. Hoffentlich kommt jetzt nicht das Hasta la vista, baby, das einem bei Schwarzenegger in Terminator immer einfällt.

»Also ein kleines Genie war ich ja wirklich«, sage ich, »in der Schule setzte ich mich gleich an die Spitze der Klasse. Rechnen, Turnen, Lesen, Umweltkunde, ich war immer vorneweg.«

Ich schweige und warte auf den Rippenstoß, aber nichts kommt. Sie sitzen reglos und starren über das Wasser.

»Meine Lehrer waren begeistert von mir«, rede ich weiter, »bis auf den Deutschlehrer, der mochte meinen Stil nicht, war ihm zu anspruchsvoll. Meine Eltern ...«

»Genug«, sagen beide wie aus einem Mund, »viermal verkackt, keine Kindheit. Jetzt Jugend, probier die mal.«

»Ich hab keine Lust mehr«, sage ich, »Sie hauen mir ja bloß die Knochen wund.«

Keine Ahnung, warum ich sie sieze und sie mich nicht. Wie soll ich die bloß wieder loswerden? Ich reiße mich zusammen.

»Wer sind Sie eigentlich«, sage ich und setze mich kerzengrade, soweit das ihre breiten Schultern erlauben. »Ich will nicht mehr, habe ich etwa keine Rechte als Bürger und Steuerzahler? Können Sie sich überhaupt ausweisen? Lassen Sie mal ein bisschen was Amtliches sehen.«

Ich bin selbst erstaunt über meinen Mut. Gut gespielt, denke ich. Sie drehen sich beide zu mir hin. Ihre Augen sind von so hellem Blau, dass es wehtut. Mit abgezirkelten Bewegungen zeigen beide gleichzeitig auf ihre samtenen Frack-Aufschläge. Jeder trägt auf dem Revers einen großen weißen Button mit zwei schwarzen Buchstaben, einem E und einem P. Sobald ich die Buchstaben gesehen habe, legen sie die Hände wieder auf die Knie und starren geradeaus über die Weser. Auf dem Fluss ist Betrieb. Ein Zweier und ein Vierer gleiten flussaufwärts wie eifrige Wasserläufer, hinter ihnen tuckert langsam der weiße Ausflugsdampfer, der von Vegesack kommt oder von Bremerhaven. Gleich wird er am Martinianleger festmachen. Er muss noch auf das flache Lastschiff warten, das sich in Richtung Mündung an den Schiffen vorbeischiebt, die hier vertäut sind. Auf allem liegt die ins Abendgelb spielende Sonne. Hinter uns oben füllen sich die Bierbänke, ich höre Lachen und Plaudern.

»Kindheit vergeigt, also weiter, Jugend. Wir wiederholen uns nicht gern.«

Ich bin jetzt mürrisch. Denen werd ich's zeigen.

»Als ich vom Studium nach Hause kam, hatte mein Onkel meinen Vater ermordet und schwuppdiwupp meine Mutter geheiratet. Das hatte ich mir schon lange selbst gewünscht, deswegen war ich sauer. Der Geist meines Vaters erschien mir nachts und gab mir die Aufgabe, ihn zu rächen, aber ich wollte da nicht ran. Mich liebte meine süße Freundin, aber an die wollte ich auch nicht ran, weiß nicht warum nicht. Ich spielte den Wahnsinnigen und trieb sie in den Tod. Okay?«

»Nein, überhaupt nicht. Deine Lesefrüchte kannst du in die Saftpresse werfen. Nochmal!«

Zur Ermunterung hauen sie mir kräftig in die Rippen.

»Aua, ist ja gut. War nur ein Test, ob Sie was merken. Jetzt aber sag ich die Wahrheit, ernsthaft und ehrlich. Ich wollte erst Lokomotivführer werden, dann Pilot und schließlich Bohemien. Oder Flaneur. Clochard war auch im Gespräch. Geworden bin ich schließlich Schauspieler. Wir hatten einen prima Deutschlehrer, der führte mit uns einmal im Jahr einen deutschen Klassiker auf. Ich hätte immer die Hauptrolle verdient, Nathan, Faust, Karl Moor, Sie verstehen, aber nie gekriegt.«

Sie schütteln die Köpfe im Gleichtakt. Sie zeigen schweigend auf ihre weißen Buttons mit den Buchstaben E und P.

»E und P«, knurrt der auf meiner Linken, »hast du nicht aufgepasst?«

»Das heißt Erinnerungspolizei«, sagt der auf meiner Rechten, der mit der Blechstimme, er sieht jetzt aus wie der schreckliche Agent Smith in Matrix.

»Wir machen das hier nicht aus Spaß.«

»Ach so« sage ich. »Scheiße. Moment, ich muss nachdenken.«

Soll ich ihnen jetzt von meiner ersten Liebe erzählen, als ich siebzehn oder achtzehn war, und wie wir im Gras lagen, halb nackt unter der Sommersonne, und wie sie mich über sich zog, ein

Mädchen zwei Klassen über mir kurz vor dem Abi und mit einiger Erfahrung in diesen Dingen, und wie ich keinen hochkriegte und mich schämte und schluchzend aufsprang mit meinen Klamotten in der Hand und davonrannte?

Ich zögere noch, da kommt zu meiner Erleichterung mein Freund Arne angejoggt, gelassen in der Abendsonne. Lächelnd kommt er auf mich zu. Die Beiden springen auf, nehmen ihn zwischen sich, ziehen ihn auf die Bank neben mich, so dass wir jetzt zu zweit eingeklemmt sitzen zwischen den Blechhüten. Bevor wir Zeit haben, uns zu begrüßen, bellen sie ihn an.

»Frühe Erinnerungen, los, raus damit.«

Aber Arne ist ja nun ein ganz anderes Kaliber als ich. Kontrolliert. Cool. Immer schnell Herr einer Situation. Mit einem Taschentuch wischt er sich in aller Ruhe den Schweiß aus dem Nacken.

»Nee« sagt er, »wofür? Lasst mich bloß in Ruhe.«

Er sieht mich an.

»Neue Freunde?«, fragt er.

Ich schüttel entschieden Kopf.

Das mögen die Männer in Schwarz alles gar nicht. Oder ihre Batterien sind leer. Jedenfalls stehen sie ohne ein Wort auf, schweben ein bisschen wie auf Probe, während ich vor Staunen den Mund nicht mehr zukriege, überqueren die Steinplatten zur Uferkante und gleiten über die Weser davon ohne einen Spritzer. Ob sie Füße haben kann ich nicht erkennen.

»Verpisst euch«, schreit Arne ihnen hinterher, »sonst gibt's was.«

Mit Arne neben mir werde ich mutig.

»Hey«, rufe ich, »dieses Format gibt es schon, das konnte schon mal einer viel besser, so übers Wasser.«

Mit wachsender Entfernung werden die Beiden immer durchsichtiger und schmelzen schließlich drüben in die Ziegelwand, auf der AUF SAND GEBAUT steht. Aber da steht noch mehr, sehe ich jetzt. Da steht TATSÄCHLICH AUF ANDEREM GRUND. Dann sind sie im Museum verschwunden.

»Kunstfiguren eben, mein lieber Arne«, sage ich, als ob ich mich für die beiden entschuldigen müsste.

»Nee, Blödmänner«, sagt Arne. Er sieht sich um. »Siehst du den Kiosk da hinten?«, fragt er. »Ein Bier käme jetzt gut.« Sein Blick fällt auf die Staubschicht vor uns auf den Steinplatten. »Was sind denn das für Krakellinien«, sagt er, »sieht fast aus wie ein Engel.«

Ich zucke mit den Schultern.

»Keine Ahnung«, sage ich.

Der alte Puppenspieler

hatte zunehmend Mühe, die kleinen Stäbe, von denen die Seidenfäden ausgingen, zu bewegen. Arthrose. Auch wenn er die Hände in Handpuppen steckte, tat jede Bewegung weh. Unumkehrbar, sagte der Arzt. Immerhin gäbe es Schmerzmittel.

»Sie können sich ja auf die Lehre verlegen, Kunst und Tricks weitergeben, machen Fußball-Profis doch auch.«

Fokke ging langsam in die Werkstatt mit den großen Fenstern, wo er seine vielen Puppen auf Regalen versammelt hatte, Klappmaulpuppen, Marionetten, Handpuppen, alle in ihren eigenen Welten. Angefangen hatte er vor langer Zeit mit Kasperle und Genossen, dem Krokodil, dem Räuber und dem Gretchen, tri tra tralala. Ihnen fühlte er sich immer noch am nächsten. Fokke schlurfte an den Reihen entlang. Märchengestalten jede Menge, Räuber Hotzenplotz, Störtebeker, und viele, die nur selten auftreten durften. Als schon ein bisschen exotisch empfand er die Italiener, Pinocchio mit der langen Nase, Arlecchino, Pulcinella. Krippenspiele wurden leider nur zu Weihnachten angefordert. Sindbad den Seefahrer und seinen Riesenvogel hingegen brachte Fokke öfter mal als orientalische Zugabe, wurden gern genommen, vor allem von Jungen. Die flachen, bunten, viel zu großen Stablederpuppen ganz hinten unter einer Staubschicht, die ihm ein Kollege aus Indien mitgebracht hatte, setzte er nie ein.

Er blieb stehen, sah aus dem Fenster und seufzte. Das alles sollte vorbei sein, nur weil seine Hände nicht mehr konnten wie er wollte? Der alte Rolling-Stones-Song ging ihm durch die Seele: what a drag it is getting older. Diese kühlen und sonnigen Herbsttage legten einen Schimmer von Vergänglichkeit über Bremen, und Fokke fühlte sich besonders verletzlich und allein.

Er seufzte wieder. Herbst, die große bittersüße Lebensmetapher. Herr, es ist Zeit und so weiter. Die goldne Fracht liegt im

Hafen und so weiter. Im Nebel ruhet nun die Welt, oder so ähnlich, auch egal, jedenfalls trübe. Er schleppte sich langsam ins Wohnzimmer.

»Und du, alter Kumpel, kannst du mir etwa helfen?«

Der Teddy, der regungslos auf dem Sofa saß und ihn braunäugig anstarrte, hatte eine Antwort.

»Stell dich nicht so an«, sagte er zottelig, »es ist eben jetzt die Zeit, da die Blätter fallen wie von weit und die Kastanien über den Boden rollen. Ist doch schön. Und du hast mich.«

Fokke nahm den Teddy auf den Arm und strich ihm über den alten Pelz.

»Und was nützt mir das?«

»Du hast mich und all die andern«, sagte der Teddy, der nie einen Namen bekommen hatte, »reiß dich einfach zusammen, wir sind alle auf deiner Seite. Komm, wir gehen noch mal rüber.«

An den Regalen entlang. Teddy blieb ganz ruhig in Fokkes Arm.

»Was nützen mir all die Geschichten«, sagte Fokke, »wenn ich nicht mehr die Strippen ziehen kann?«

»Schicker Satz«, sagte Teddy.

Er blieb vor dem Werkstattteil des großen Raumes stehen und legte Teddy sanft auf eine Arbeitsplatte. Vor den Schränken mit Werkzeug, Köpfen, Stoffen, Stäben und Nähgarn kam er ins Grübeln. Was die Film- und Fernsehfuzzies alles an Puppen erfanden, das ging ja in kein Amphitheater. Sie ließen sie springen und laufen, singen und reden, sie gaben ihnen einen eigenen Willen und wahrscheinlich sogar eine Seele. Und erst die Computerspiele. Wenn er nicht wegen seiner Hände sowieso aufhören müsste, würde er sich diese zauberhaften Erfindungen einverleiben, Bambi, Darth Vader, Catwoman und sogar Spongebob. Wäre das nicht wild und wundersam? Andererseits, auch so war er nach all den Berufsjahren auf dem Gipfel seiner Kunst angekommen, und er war auch gar nicht allein, gehörte er nicht zu den fast zweihundert zertifizierten Puppenspielern in seinem Berufsverband? Trotzdem, für ihn war der Puppenwagen abgefahren.

Er lächelte traurig über den Satz, nahm Teddy hoch und wollte in die Küche, den samtigen Roten im Sinn, den er sich gleich gönnen würde, er hatte schon die Tür zum Flur geöffnet, da sagte eine Stimme hinter ihm:

»Moment, Meister, warten Sie bitte.«

Es raschelte und kratzte in den Regalen und Schränken, schurrte und schob.

»Wenn Sie schon aufhören müssen … wir … wir könnten doch auf jeden Fall noch eine letzte Aufführung hinkriegen. Das würden Sie schaffen, Meister, bestimmt. Tun Sie es uns zuliebe, denn was sind wir ohne Sie? Wir helfen Ihnen auch dabei. Sowas wie The Last Radio Show, nur ohne Radio.«

Der Alte hielt inne. Sein Herz klopfte.

»Zum ersten Mal höre ich euch«, sagte er, »das allein ist schon eine Freude. Eine letzte gewaltige Aufführung, meint ihr?«

»Nicht mit mir«, sagte eine nörgelnde Stimme, aber Fokke hörte sie nicht. Er hatte schon die Hand auf der Klinke. Sein Atem ging schnell.

»Warum nicht? Warum eigentlich nicht? Warum nicht sogar eine Abschiedstournee machen, lauter letzte Auftritte. Was meint Ihr?«

Bravo-Rufe ertönten von mehreren Seiten. Klappmaulpuppen klappten Zustimmung, Stäbe wurden aufeinander geschlagen, Vorhänge wehten überraschend von Regalbrettern. Fokke überlegte laut weiter.

»Wie könnten wir das nennen: Das Leben ist ein Puppenspiel?«

»Ist kein Pappenstiel«, sagte Teddy.

»Sei still«, sagte Fokke. »Wie wäre es mit: Der Letzte macht den Vorhang zu?«

»Nenn es wie du willst«, sagte die nörgelnde Stimme, »aber einfach Schluss und aus würde schöner sein.«

»Natürlich ist es nur schöner Schein«, sagte Fokke, »was denn sonst.«

»Hör gar nicht hin«, sagte Teddy.

Zuerst brachte Fokke seinen alten VW-Bus in die Werkstatt. Dann plante er eine ganze Woche lang, kramte in alten Manuskripten und stellte Figuren für die Tournee zusammen. Viele mussten zu Hause bleiben, er hielt sich die Ohren zu gegen das Winseln und Greinen.

»Gar nicht hinhören«, sagte Teddy, »nützt ja nix.«

Fokke organisierte stundenlang am Telefon Spielstätten und Hotels. Der Energieschub überraschte ihn selbst. Er kaufte sich größere Mengen von Aspirin und Ibuprofen, »aber nicht alles auf einmal essen«, sagte Teddy. Er holte Schachteln, Koffer, Kisten und Beutel vom Boden und füllte sie mit Figuren und Requisiten. Bei den Kasperlepuppen gab es Unruhe, aber er achtete nicht weiter darauf. Er holte den VW-Bus zurück und belud ihn mit Sorgfalt. An einem Montagmorgen schloss er die Haustür und legte den ersten Gang ein.

Die Tournee lief blendend, fand er. In städtischen Theatern bot er großem Publikum klassische Stoffe, in Nachtclubs spielte er laszive Stückchen, in Seniorenheimen wusste er nie, ob alle der Handlung folgen konnten. Es war fast wie früher, nur eben das letzte Mal. Er fühlte sich großartig, kunstreich und kompetent. War er je so glücklich gewesen? Für die Hände hatte er die Tabletten.

Die letzte Show war in einem Feriendorf bei Cuxhaven angesetzt. Man wünschte sich richtiges Kasperletheater, man habe vor allem junge Familien mit kleinen Kindern. Ein kühler Wind wehte vom Meer her, Blätter wirbelten durch die Luft. Das kleine Theaterzelt war beheizt, mehrere Dutzend Klappstühle standen bereit. Plaudernd und lollilutschend kam das Publikum herein, heiter und in Ferienstimmung.

»Tri tra trallala, tri tra trallala«, rief Kasperle, »seid ihr alle da?«

Das vielstimmige »Ja!« kam, wie es sollte. Eine heftige Bö zerrte an den Zeltleinen.

Der Räuber. Der Polizist. Kasperle. Sein dümmlicher Freund. Die Hexe. Das kindliche Drama ging seinen gewohnten Gang. Aber dann passierte plötzlich etwas nie Dagewesenes: Fokkes Hände bewegten sich ohne sein Zutun, als seien sie selbständige Wesen und gehörten nicht mehr zu ihm, und er konnte nur hilflos zusehen. War das ein Ende oder ein Anfang? Der Räuber, bereits in der zweiten Szene zur Strecke gebracht und abgelegt hinter der Bühne, federte wieder nach oben und wollte Gretchen greifen. Gretchen schubste den Polizisten, der sie beschützen wollte, zur Seite, dass der nach hinten und unten fiel, sie schubste Kasperle zur Seite, dass der sich geknickt über den Bühnenrand faltete, während ihm ein letztes Tralala aus dem Mund tropfte, dann brach sie mit Geschrei eine Leiste aus der Bühnenumrandung und schlug auf den Räuber ein. Das Krokodil, das eigentlich überhaupt nicht mitspielte, schoss ins Blickfeld, verbiss sich in den Vorhang und riss ihn im Fallen nach unten. Am Zelteingang löste sich eine Plane, flappte laut und ließ einen Windstoß durch, der die kleine Kasperlebude fast zum Umfallen brachte.

»Jetzt lasst ihr aber die Puppen tanzen«, sagte ein Junge in der ersten Reihe inmitten aufschäumenden Jubels. Fokke wusste kaum, wie ihm geschah. Seine Lieblingsgeschichten verhunzt, verkehrt, verdorben, seine Lieblingsmannschaft völlig außer Rand und Band.

»Seid ihr denn total verrückt?«, schrie er, und fügte mit einem Blick zum Zeltdach hinauf in kleiner Stimme hinzu: »Hilft mir denn keiner?« Dann riss er sich zusammen. Er schnellte von seinem Sitz hoch, stützte die Bretterwände mit schmerzenden Händen und steckte den Kopf durch die Bühnenöffnung. Sein Kinn lag fast auf dem abgeknickten Kasperle.

»Bitte«, sagte er, »bitte.«

»Geh weg, Alter«, schallte es ihm aus fröhlichen jungen Gesichtern entgegen, »alles gut.«

»Entschuldigung«, rief Fokke, »verehrtes Publikum, die Geschichte geht in Wirklichkeit ganz anders. Meine Puppen sind heute nur …«

Er schluckte ein paar Mal.

»Eltern und Kinder, hört mich an, ich bitte um Verzeihung.«

Der Räuber neben ihm wurde immer noch verdroschen.

»Bravo, Gretchen«, rief es aus dem Publikum, »hau ihm die Fresse ein, mach ihn alle, du bist unser Held.«

Draußen war es inzwischen dunkel, jemand machte das Licht an und atemloser Applaus brauste durch das Zelt.

Der Nachmittag endete in einem langen unangenehmen Gespräch mit der Leiterin des Feriendorfs und der Abend mit einer einsamen Flasche Rotwein im Hotelrestaurant. In der Nacht wachte Fokke auf und fand sich an einem unerwarteten Ort wieder.

Er war im Himmel. Sein Herz schlug unruhig. Der Herr über alle Welten saß unter einem silbernen Baldachin auf einem blauen Ledersofa. Er war ziemlich jung und trug einen ihn weich umspielenden dezent gestreiften Anzug. Das Sofa stand mitten in einem sich endlos dehnenden Raum voller kleiner Kasperletheater, Reihe hinter Reihe hinter Reihe.

»Sie sind aber schick«, sagte Fokke.

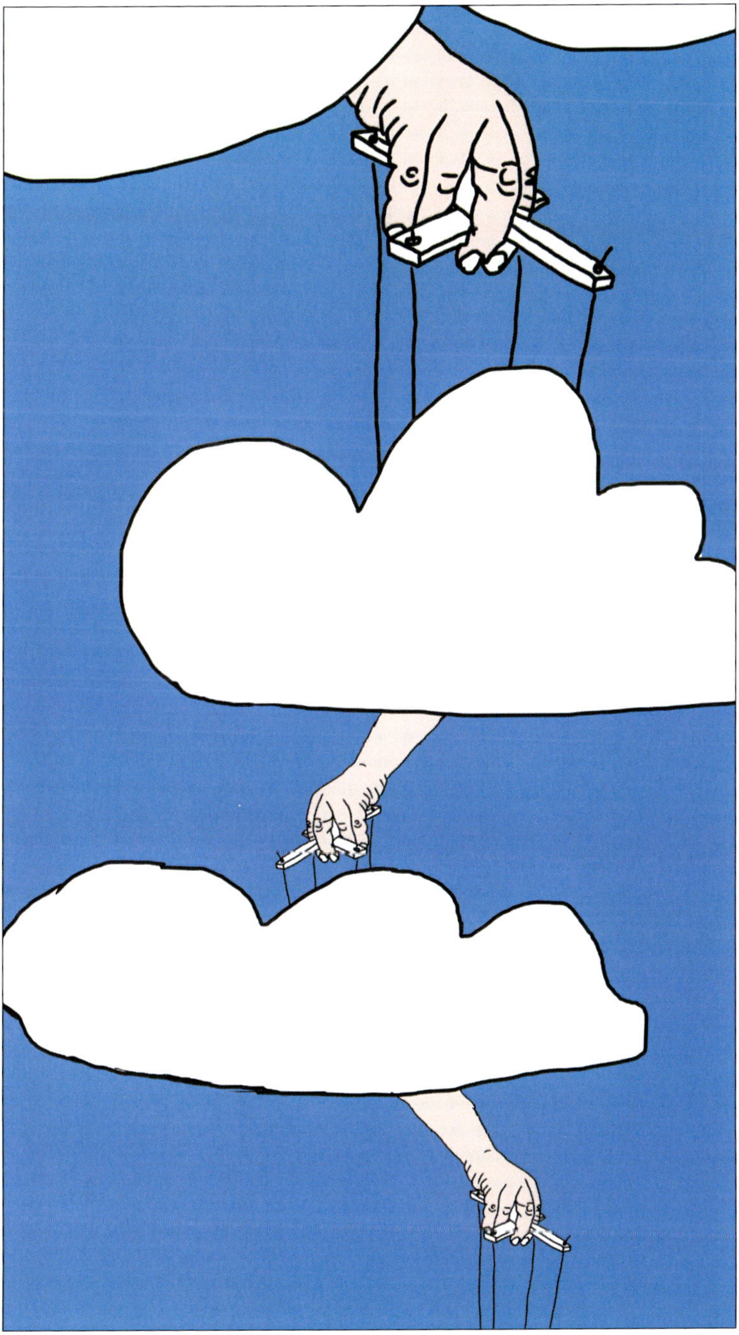

Der Herr stand auf und sah an sich hinunter.

»Gefällt dir der Anzug? Winter Silk, von Zenda, Mailand.«

»Ich hab Sie mir anders vorgestellt«, sagte Fokke, »irgendwie, äh, älter.«

Der Herr verzog wohlwollend die Lippen.

»Ich werde nicht älter, mein Bester, ich nicht, nicht ich.«

Er nahm Fokke am Ellenbogen und führte ihn zu einem der kleinen Theater. Sie standen vor dem Vorhang.

»Dahinter ist die Welt, die du kennst«, sagte er. »Du hast ja gerade eben in ihr dein blaues Wunder erlebt.«

Er drehte sich mit ausgestrecktem Arm einmal im Kreis.

»Hinter den Vorhängen der anderen kleinen Theater«, sagte er, »befinden sich andere Welten, eine nach der andern. Und ich muss sie alle dirigieren. Alle. In allen lasse ich alle Wesen an langen Seidenfäden sich bewegen.«

Er machte eine Pause.

»Und dessen, mein Guter, bin ich allmählich müde.«

»Müde«, sagte Fokke, »das tut mir leid.«

»Danke«, sagte der Herr der Welten. »Außerdem habe ich versagt. Du weißt ja jetzt, wie das ist. So eine Welt wie deine, wie soll man die je wieder hinkriegen!«

Er schüttelte unglücklich den Kopf.

»Ich bin so müde. Müde müde müde. Deswegen mache ich gerade eine Pause und lass alles einfach laufen.«

Dann legte er Fokke die Hand auf die Schulter.

»Aber jetzt bist ja du hier. Du wirst mir für ein oder zwei Ewigkeiten deine Welt abnehmen, nicht wahr. Nur diese eine. Die Welt, aus der du kommst. Du nimmst sie mir ab, und ich nehme dir deine Arthrose ab. Siebzigtausend Jungfrauen wird es nicht geben, an meiner Seite wird keiner sitzen, auch du nicht, keine Extramilch, kein Honig. Aber: deine Hände werden wieder ohne Schmerzen sein. Du musst nur die Fäden in der Hand behalten.«

»Das ist mir doch gerade danebengegangen.«

»Ja, aber jetzt kennst du die Gefahr. So etwas darf sich nicht wiederholen.«

Er sah Fokke tief in die Augen und hielt ihm die erhobene Hand hin. »Deal?«

Fokke schlug ein und stellte sich hinter der einen Kasperlebude auf. Er nahm die Führstäbe, die da bereitlagen, in die Hand und wollte eben den Vorhang aufziehen, da spürte er eine eigenartige Druckbewegung zwischen den Schulterblättern. Er wollte hingreifen, war aber nicht mehr gelenkig genug. »Ein Spiegel wäre hilfreich«, murmelte er, und wie im Märchen erschien ein Spiegel neben ihm. Was er sah, füllte ihn mit maßlosem Ärger. Von seinem Oberkörper zwischen den Schulterblättern führte eine aus Seidenfäden gedrehte Schnur in den Hintergrund der Halle.

»Du hast mich reingelegt«, schrie er durch den horizontlosen Raum dem Herrn im eleganten Anzug zu, »ich soll ja auch nur eine Marionette sein. Aber nicht mit mir, ich werd's dir zeigen, ich weiß ja jetzt, wie das geht.«

Wie aus dem Nichts tauchte Teddy neben ihm auf.

»Schrei doch nicht so«, sagte Teddy.

Der Herr der Welten, wieder auf seinem blauen Ledersofa, nickte und lächelte. Er winkte den alten Puppenspieler zu sich heran, stand auf und drehte sich um. Auch zwischen seinen Schulterblättern war eine Schnur befestigt, ging durch das dezent gestreifte Jackett hindurch und verlor sich im Hintergrund.

»Siehst du«, sagte er, »kein Grund zur Aufregung. Denk dran, keine Arthrose mehr.«

Fokke war verwirrt. War er etwa in ein Puppenspiel geraten, das sich einer ausgedacht hatte, den sich ein anderer ausgedacht hatte?

»Teddy«, sagte er, »erklär du mir das.«

Aber bevor es zu einer Erklärung kommen konnte, wachte Fokke in seinem Hotelzimmer auf. Er massierte sich vorsichtig die Hände, und er hatte einen ziemlichen Kater. Teddy saß vor ihm auf der Bettdecke und starrte ihn braunäugig an.

»Das war die letzte Show«, sagte Teddy zottelig, »gut, dass wir aufhören, oder?«

Der Weg der Kerne

Einmal muss es ja sein. Sie geht mit entschlossenen Schritten zum Schrank, den Georg immer verschlossen gehalten hatte, greift den Schlüssel, der nachlässig versteckt mit Tesakrepp auf die Hinterseite geklebt wurde, und schließt auf. Leer. Alle Regale ausgeräumt, nichts in den Schubladen. Nur eine große grüne eckige Blechdose steht da mit einem großen Schiff vorne drauf. Sie schüttelt sie, es klingt wie ferner Regen. Sie trägt sie zum Schreibtisch, klappt den Deckel auf, sieht kurz hinein und gießt den Inhalt langsam aus. Hunderte oder vielleicht Tausende getrockneter Apfelkerne prasseln auf die glatte Holzoberfläche und fließen dann in Wellen und gleiten und rutschen und kommen zur Ruhe. Ein braunes Kernmeer. Eine latente Apfelplantage. »Wozu, Georg?«, sagt sie vor sich hin, »Was sollte das werden?« Und lauter: »Was soll das sein, der posthume Witz eines verblichenen Komikers? Du warst doch gar nicht komisch.«

Auf dem Grund der Dose findet sie einen Zettel, der unter all den Kernen gelegen hat. Darauf steht in Georgs sorgfältiger Handschrift: Und wenn ich morgen sterben müsste, würde ich noch heute ein Apfelbäumchen pflanzen. Dazu war es ja nun nicht mehr gekommen. Sie schiebt die Kerne mit der Hand zurück in die Dose und stellt die wieder in den Schrank. Tränen stehen ihr in den Augen. Sie sieht durch einen Schleier das Bild, wie sie und ihre Schwester als kleine Mädchen mit Nadel und Faden aus Apfelkernen Ketten gemacht haben. Sie stampft mit dem Fuß auf.

Eva Leuwendonk, sechzig Jahre alt. Ihr Mann Georg ist vor einem Jahr gestorben, sie hat den Betrieb – Heizungsbau und Haustechnik – an ihren Sohn übergeben. Mit ihm und seiner Frau wohnt sie im selben Haus. Manchmal merkt sie, dass sie verzweifelter ist als sie sich selbst zu fühlen erlaubt. Vor allem an den Abenden, wenn die jungen Leute ausgegangen sind oder vor dem Fernseher sitzen und sie sie nicht stören möchte, senkt die Welt sich auf sie wie eine dunkle Wolke. Dann streift sie manchmal durch Bremens Straßen und spürt, wie das Leben vorbeirauscht. Warum musste Georg so früh sterben? Ist es nicht ungerecht, wie ungleich alles verteilt ist?

Eines Abends sieht sie zwei alte Männer in einem Restaurant, das sonst leer ist, sich gegenüber sitzen. Zwischen ihnen ein Schachbrett mit Figuren. Wie eine Überblendung legt sich ihr eine Erinnerung über die Szene. Sie ist mit Georg unterwegs durch Anatolien, mit Rucksack, per Anhalter, oft auch hinten auf Lastwagen. So kommen sie an einem heißen Nachmittag auch nach Göreme. Sie klettern vom Lastwagen herunter und fragen nach einer Unterkunft. Da sieht sie auf einer schattigen Terrasse im ersten Stock eines mehrstöckigen Gebäudes zwei Männer sitzen. Sie tragen Turbane, haben weiße Bärte, auf einem kleinen Tischchen vor ihnen steht ein Schachbrett mit Figuren, daneben glockenförmige Gläser mit Tee. Das war damals der fleischgewordene Traum vom Orient. Einer der Männer dreht den Kopf, sieht zu ihnen hinunter und lächelt. »Das ist das Hotel da oben«, sagt die Frau, die sie gefragt haben. Als ob der Mann oben alles verstanden hätte, lächelt er noch breiter und winkt ihnen zu, sie sollten heraufkommen. Das Hotel ist in Wirklichkeit nur ein Korridor, von dem einige Zimmer abgehen, und ein Badezimmer. Es heißt Elmali, das weiß sie noch wie heute, und auch, dass sie ihre Schlafsäcke auf die Betten legten, weil die nicht wirklich einladend aussahen. Das Zimmer kostete zwei Mark die Nacht. Dann zerfließt die Vision und sie sieht, wie einer der Männer im Restaurant den Kopf hebt und ihr direkt ins Auge blickt. Er lächelt und winkt, sie solle doch eintreten. Sie schüttelt den Kopf und geht schnell weiter.

Eine Woche später kommt Eva kurz vor Mitternacht wieder am Restaurant vorbei. Einer der beiden Schachspieler sitzt vor dem Brett mit den Figuren und nippt an einem Glas. Er hebt den Kopf, sieht sie an und lächelt. Er hebt die Hand und winkt sie herein. Sie öffnet die Tür. Er steht auf und verbeugt sich.

»Ich danke Ihnen, dass Sie eingetreten sind«, sagt er. Er nennt einen Namen, den sie nicht versteht.

»Nourad«, wiederholt er. »Bitte setzen Sie sich.«

»Eva Leuwendonk«, sagt Eva und setzt sich.

»Mein Partner kann heute nicht kommen«, sagt er, »spielen Sie Schach?«

Eva schüttelt den Kopf.

»Tut mir leid«, sagt sie, »nein.«

Er sieht traurig aus, aber er lächelt. Seine dicken Brillengläser vergrößern braune Augen. Eine Weile sehen die Beiden sich nur an. Dann gibt er sich einen Ruck.

»Möchten Sie ein Gläschen mit mir trinken?«

Sie nickt, er schenkt zwei Gläschen ein, sie nippen, es brennt in der Kehle.

»Calvados«, sagt er, »das hätten Sie bei einem Muslim aus Persien nicht erwartet, vermute ich. Omar Khayyam hat Wein getrunken. Kennen Sie Omar Khayyam?«

»Nein«, sagt sie, ein bisschen beleidigt, »sollte ich?«

Er verbeugt sich.

»Ich bitte um Verzeihung, das war dumm von mir. Er ist ein bei uns überaus bekannter Dichter.«

Sie neigt höflich den Kopf.

Die Wochen fließen vorbei. An manchen Tagen geht sie in das Restaurant, wenn die Gäste es verlassen haben, und trifft Nourad; Schach will sie nicht lernen.

»Was willst du denn von dem«, fragt ihr Sohn.

»Er ist nett, er liest mir Gedichte vor«, sagt Eva, »und wir trinken.«

Ihr Sohn zieht die Augenbrauen hoch. Sie macht ein unschuldiges Gesicht.

»Das macht alles leichter.«

»Schnaps haben wir auch bei uns hier«, sagt ihr Sohn, »wenn es darum geht.«

»Kennst du die Geschichte von der unwürdigen Greisin?«, fragt sie, »habt ihr die nicht in der Schule gelesen? Nein, okay. Als ihr Mann tot ist, fängt sie an, Rotwein zu trinken, das finden die Leute unerhört. Und sie trifft sich mit fremden Männern, beim Schuster, glaube ich, und sie reden über Politik.«

Damit lässt sie ihren Sohn stehen.

Sie erzählt Nourad die Geschichte, so gut sie kann.

»Ich bin auch zu politischen Versammlungen gegangen«, sagt der, »zwei Mal. Das erste Mal, als wir noch den Schah hatten, da kam ich für drei Monate ins Gefängnis. Und dann wieder, als wir Chomeini bekamen, da bin ich lieber gleich nach Deutschland geflohen.«

»Es ist alles so ungerecht«, sagt Eva. »Aber gut für mich, dass du jetzt hier bist und nicht in einem Gefängnis.«

Er macht eine Bewegung als wolle er ihre Hand fassen, lässt es dann aber.

»Weißt du, Betty«, sagt sie an einem sonnigen Herbsttag zu ihrer Freundin bei Tee und gedecktem Apfelkuchen, »ich heiß ja nun Eva, das ist in Ordnung, aber wenn ich deinen guten Kuchen esse, muss ich an die andere Eva denken, die in der Bibel, im Garten Eden. Die hätte den Apfel lieber selbst essen sollen, beide Hälften, dann lebten wir immer noch da in aller Unschuld.«

Sie seufzt.

»Entschuldigung. Oder sie hätte ihn verbuddeln sollen …«, und als Betty grinst, »… nein, nun sei nicht albern, den Apfel natürlich, vielleicht stünde dann der Garten Eden bis heute voller Apfelbäume. Aus dem einen Apfel hätten sich sicher zig Sorten entwickelt, und wir könnten …«

Betty hebt die Hand.

»Du kommst ja leider nicht mehr in den Bibelkreis, seit … seit …«

»Seit Georg tot ist, das kann man ruhig aussprechen.«

»Genau. Sonst hättest du mitgekriegt, was die Pastorin neulich gesagt hat: dass nämlich erst durch Evas und Adams Erbsünde das spätere Heilsgeschehen möglich geworden ist.«

Eva unterdrückt schärfere Worte und sagt nur:

»Welches Heilsgeschehen? Ist doch nichts heil in der Welt.«

Betty streichelt ihre Hand.

Am Abend trägt sie die Blechdose mit den Apfelkernen in einer Plastiktüte von Aldi ins Restaurant und stellt sie vor Nourad auf den Tisch neben die Schachfiguren. Er schüttelt sie neugierig.

»Das klingt wie Regen auf einem Dach aus Wellblech«, sagt er, »darf ich sie aufmachen?«

Er klappt den Deckel hoch.

»Zahlreich wie Sterne am Himmel«, sagt er. »Du bist eine Sternsammlerin. Oder nein, sie sehen aus wie eine Herde kleiner brauner Schafe. Was hast du mit ihnen vor?«

Eva sieht ihn nur an.

»Komm, trink ein Gläschen mit mir. Wusstest du, dass wir den Apfel erfunden haben?«

»Wer wir?«

»Wir Iraner, wir in Persien.«

»Was?«

»Ihr habt ihn den persischen Apfel genannt, den Pfirsich.«

Eva lacht amüsiert. »Und dann haben wir daraus den Reichsapfel gemacht.«

»Ihr seid eben großartig. Und was bedeutet das alles?«

»Nichts eigentlich«, sagt Eva, und Nourad zwinkert mit einem vergrößerten braunen Auge.

»Ich bin nicht undankbar«, sagt Eva Tage später im leeren Restaurant über die Schachfiguren hin zu Nourad, »aber es läuft doch wirklich so vieles gründlich falsch in unserer Welt.«

Nourad nickt und sie zählen an den Fingern ab:

»Armut und Krankheiten, die Killer des Islamischen Staates, die schlechte Behandlung von Asylanten, die Zerstörung von Nistplätzen durch Flussvertiefungen, der Klimawandel, die Ölkatastrophen, Kriege in der Ukraine, im Sudan, in und um Syrien, der größenwahnsinnige Präsident der Türkei …«

Als sie so weit gekommen sind, holen sie erstmal Luft und nippen am Calvados. Sie sehen sich an. Die Welt ist schlecht, darin sind sie sich einig, schlecht geführt und von Anfang an schlecht geplant.

»Wollen wir wirklich weitermachen?«

»Nein, es reicht, oder?«, sagt Eva. Sie wirkt belebt mit ihren geröteten Wangen. »Lass mich nur noch den Rassismus in Deutschland, die Unterbezahlung von Frauen und den strahlenden Atommüll erwähnen.«

»Ja, und wir« – Nourad streckt ihr den Kopf vertraulich entgegen – »wir hatten einen Schriftsteller, der hat schon vor über tausend Jahren beschrieben und beklagt, wie schrecklich, wie ruchlos die Welt ist.«

»Ruchlos«, sagt Eva, »das ist mal ein schönes Wort.«

»Er heißt Attar, und eins seiner Bücher heißt Buch der Leiden. Was da schon alles drin vorkommt, entsetzlich.«

Er lächelt seltsam, seine Augen sind hellwach, und sie machen zusammen weiter mit der globalen Mängelliste. Sie kommen richtig in Fahrt, ihre Augen blitzen, sie sind kurz davor, in Lachen auszubrechen.

»Die korrupten Banker, Erdrutsche und Monsterwellen, Hunger und Elend, das Aussterben von Tierarten, der Braunkohletagebau, die miese Behandlung Griechenlands, die Vernachlässigung der Autobahnen, die Dumpfbackigkeit mancher Politiker, Pegida, die steigenden Mieten und die kaputten Brücken.«

Sie kommen außer Atem und lachen jetzt laut.

»Was für ein Gott muss das sein, der das zulässt«, schnauft Eva.

»Sagt unser Attar auch.«

»Ja? Wir haben unseren Hiob, der trotzdem an seinem Gottesglauben festhält.«

Nourad rückt an seiner Brille.

»Verlangt er wenigstens eine Erklärung?«

»Ja, aber Gott schnaubt ihn an, ich bin groß, du bist klein, du verstehst nicht, was ich tue und wie ich bin, also halt die Klappe. Oder so ähnlich.«

»Und was macht Hiob?«

»Hiob hält den Mund und kriegt alles zurück, Gesundheit, Familie, Reichtum.«

Eva erzählt ihrer Freundin von Georgs Blechdose und von ihren Besuchen bei Nourad. Betty grinst.

»Wir hatten einen Englischlehrer, von dem ist mir nur ein einziger Satz im Gedächtnis geblieben: An apple a day keeps the doctor away. Bietet dir dein Perser ab und zu einen Apfel an?«

Eva haut ihr spielerisch auf die Finger. »Wenn er allein da sitzt«, sagt sie, »lächelt er nicht. Dann sieht er traurig aus.«

Betty nickt aufmunternd mit dem Kopf.

»Und dann kommst du herein und alles wird anders.«

»Nein, nicht wirklich«, sagt Eva. Sie hat Tränen in den Augen. Sie schweigen eine Minute oder zwei.

»Jetzt kommt der Herbst«, sagt Eva im Ton einer Verkündigung, »und es wird dunkel.«

»Jaja, nun jammer hier nicht rum, das kann jeder. Verrat mir lieber, was du mit all den Apfelkernen vorhast.«

Eva zuckt die Schultern. Betty schlägt mit der flachen Hand auf den Tisch, dass die Tassen klirren.

»Ich hab da eine Idee. Soll ich sagen?«

Am Sonntag spazieren sie zu dritt zum Weserwehr, Betty mit roter Baseballkappe, Nourad in grauem Flanellanzug, Eva in einem blauen Leinenkleid. In der einen Hand trägt sie die Alditüte. Sie stellen sich nebeneinander an die Brüstung und blicken auf den schäumenden Fluss. Eva zieht Georgs Zettel aus der Tasche und liest den Satz darauf vor. Ihre Stimme zittert ein bisschen. Wenn ich wüsste, dass morgen die Welt untergeht, würde ich heute noch ein Apfelbäumchen pflanzen.

Sie sieht die beiden an.

»Wir machen das jetzt, wir machen das aus Trotz, und wir machen es anders.«

Sie hebt die Blechdose aus der Plastiktüte und drückt die Tüte Nourad in die Hand.

»Wenn Gott, deiner oder meiner, daraus einen Apfelgarten machen will, dann geben wir ihm jetzt die Chance, einverstanden? Ich glaube allerdings nicht, dass er sie nutzen wird.«

Betty wiegt den Kopf hin und her.

»Vielleicht ja doch. Wir müssen an das Absurde glauben, sagt unsere Pastorin.«

»Alle anfassen, und auf drei kippen wir sie aus. Eins – zwei – drei.«

Die braunen Kernchen wirbeln lautlos von der Brücke und segeln hinunter in den rauschenden Schaum. Sie sehen ihnen nach.

»Okay«, sagt Betty, »geschafft. Der Unergründliche wird schon eine Verwendung für sie finden.«

Ohne Absprache und mehr aus Versehen lassen sie alle drei die Dose los und beobachten, wie sie langsam fällt, wie sie hinab trudelt, sich ein paar Mal um sich selbst dreht und unten im Fluss verschwindet. Nourad hält die Alditüte noch fest in der Hand. Er macht eine kleine Verbeugung.

»Darf ich euch zum Essen einladen? Ich kenne da ein nettes iranisches Restaurant.«

Der Autor und die Illustratorin

Jens-Ulrich Davids

Jahrgang 1942, wuchs in Hamburg auf, studierte in Hamburg, Bangor (North Wales) und Tübingen. Nach der Promotion ging er mit Frau und Kind nach Indien und unterrichtete dort Deutsch. Von 1974 bis 2004 lehrte er im Fach Anglistik an der Universität Oldenburg, veröffentlichte wissenschaftliche Artikel und organisierte und leitete studentisches Theater.
Er schrieb und veröffentlichte Gedichte, Kurzgeschichten und zwei Romane.
Er ist Vorstandsmitglied im Bremer Literaturkontor e.V.

Barbara Schneider

1942 in Berlin geboren, lebt in Bremen. Kunststudium in Kassel mit den Schwerpunkten Graphik und Kunsterziehung am Gymnasium, bis zur Pensionierung im bremischen Schuldienst. Ständiges gestalterisches Arbeiten.
Einzel- und Gruppen-Ausstellungen von Bildern und Illustrationen.
Die Illustrationen in diesem Buch wurden auf einem Tablet gezeichnet.

Weitere Bücher vom KellnerVerlag

ANNELINE SÜCHTING
Das Leben – ein Traum?
Ein romantisches Fotokunstbuch

Der Bürgerpark einmal ganz anders dargestellt.
128 Seiten, 24 x 17 cm, Hardcover,
ISBN 978-3-95651-119-6, **12,90 Euro**

ANNELINE SÜCHTING
Scherben Brüche

Eine Liebesgeschichte der besonderen Art. Ein schönes Fotobuch mit sensationell einmaligen Kunstwerken aus Porzellanscherben sowie anrührenden Briefen.
88 Seiten, 17 x 24 cm, Hardcover,
ISBN 978-3-95651-178-3, **12,90 Euro**

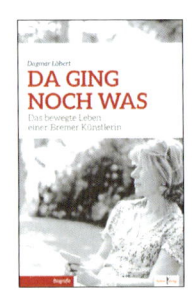

DAGMAR LÖBERT
Da ging noch was
Das bewegte Leben einer Bremer Künstlerin

Von den turbulenten Nachkriegsjahren bis zum heutigen Alltag in Bremen erzählt die Künstlerin Dagmar Löbert aus ihrem bewegten Leben. Sie wendet sich an Menschen, die einen großen Bogen machen um Mainstream, Gewohnheit und Anpassung, die offen sind für Veränderungen und Perspektiv-Wechsel, die immer wieder Lust haben, sich selbst auszuprobieren. Das Engagement der Autorin für Familie, Kunst und Architektur, Malerei, Literatur, Denkmalschutz und Forschung hält sich auf hohem Niveau und ist ungebrochen bis in die Gegenwart. In autobiografischen Kurzgeschichten erzählt sie über ihre außergewöhnliche Lebensphilosophie.
232 Seiten, 13,5 x 21 cm, ISBN 978-3-95651-176-9, **14,90 Euro**

KellnerVerlag
St.-Pauli-Deich 3 • 28199 Bremen
sachbuch@kellnerverlag.de
Tel. 0421 77 8 66
www.kellnerverlag.de